なるにはBOOKS
別巻

大人になる前に知る命のこと

心と体の変化・思春期・自分らしく生きる

加納尚美 編著

ぺりかん社

はじめに

この本は、子どもから大人になろうとしている「あなた」のために書かれた本です。誰《だれ》にも言えないけれど、ある子をみるとドキドキする、声変わりをしてきた、胸がふくらんできたなどなど、今までになかった、あなたの心と体の変化を知り、自分を大切にしていくために。同時に、異性や性に対してあなたと違《ちが》う捉《とら》え方をしている友だちについて知り、大切にしていくために。

もちろん、すでに大人になった人が読んでも役に立つ本です。というのは、大人になる前に知っておいたほうが役に立ったはずのことを、知らずに大人になった、という人もとても多いからです。

たくさんの大人たちがこの本の中で、あなたに命について伝えています。1章「命の授業」では、赤ちゃんの誕生《たんじょう》に長年かかわってきた助産師が、学年ごとに段階を追って心と体の変化について大切なことを、とてもわかりやすく説明してくれています。2章では、命とはさかのぼると宇宙の歴史にもつながることが書いてあり、現役の助産師や産婦人科医がかけがえのない命のことを紹介《しょうかい》してくれています。3章は男女の性に対する違《ちが》い、恋《れん》愛《あい》の心理などが中心です。4章は、これからの将来に目を向けた時に知っておいてほしいこと、人にはそれぞれ大切な個性や悩みがあることにふれています。あなたと友だちの個性はそれぞれであることがわかるでしょう。そして、個性がいろいろであるように、5章では性にも多様性があることが書かれています。ほかにも、子育て中のパパ、ママ、じいじ、ばあばからのふだん聞けないようなあなたへのメッセージも載《の》っています。

この本は、今すぐ受験に必要、全ページ暗記しなくては、というものではないのでご安心を。でも、将来に向けてとても重要なことが書かれていますので、読んでいるところを大人に見つかっても堂々としていられますよ。マンガやアニメ、ドラマで見た場面が実は間《ま》違《ちが》っている知識だった、とこの本で納得できることもあります。どうぞ、お友だち同士でめくったり、先生にも教えてあげてください。

この本が、大人になる多くのみなさんに役立つことを願っています。

著者を代表して　加納尚美《かのうなおみ》

大人になる前に知る　命のこと　心と体の変化・思春期・自分らしく生きる　目次

［3章］

思春期の扉

［4章］

大人の基礎を育てるために

［5章］自分らしく生きる、LGBTのこと

※本書に登場する方々の所属等は、執筆時のものです。

［装幀］図工室　［カバーイラスト］北原明日香　［本文イラスト］熊アート　小林由枝　［本文写真］執筆者提供

「なるにはBOOKS別巻」を手に取ってくれたあなたへ

「なるにはBOOKS」は、働くことの魅力《みりょく》を伝えたくて、たくさんの職業について紹介《しょうかい》してきました。「別巻」では、社会に出る時に身につけておいてほしいこと、悩《なや》みを解決する手立てになりそうなことなどを、テーマごとに一冊の本としてまとめています。

読み終わった時、悩《なや》んでいたことへの解決策に、ふと気がつくかもしれません。世の中を少しだけ、違《ちが》った目で見られるようになるかもしれません。

本の中であなたが気になった言葉は、先生やまわりにいる大人たちがあなたに贈《おく》ってくれた言葉とは、また違《ちが》うものだったかもしれません。

この本は、中学生・高校生のみなさんに向けて書かれた本ですが、幅広《はばひろ》い世代の方々にも手に取ってほしいという思いを込《こ》めてつくっています。

どんな道へ進むかはあなたしだいです。「なるにはBOOKS」を読んで、その一歩を踏《ふ》み出してみてください。

1章

命の授業

知ってる？自分たちの命、体、性

命の授業 1 大人への体の変化

はずかしいという気持ちを大切に。近い未来に起こる月経や射精について知る

小学4年生

「命の授業」

小学4年生になると体育の授業で「育ちゆく体とわたし」という単元があったことを覚えていますか？　この単元では、これから始まる思春期という時期に起こる体の変化について学びます。内容は、年齢《ねんれい》に伴《ともな》って大人の体に変化すること、その発育・発達には個人差があること、思春期になると異性への関心も芽生えること、体の発育・発達には調和のとれた食事、適切な運動、休養や睡眠《すいみん》が必要であることを理解するためのものです。

この時期に合わせて、筆者は小・中学校で思春期に起こる体の変化とともに、大人になるということをお話ししています。その「命の授業」についてご紹介《しょうかい》しましょう。

大人になることを考える

1月の土曜日の午後、この日は、保護者のための学習機会である「家庭教育学級」(保護者が学習する機会として市町村の教育委員会やPTAなどにより実施《じっし》されています)の授業も兼《か》ねています。多くの保護者の方たちがこの授業を後ろでいっしょに聴《き》いています。

授業をする場所は、教室ではなく4年生の全クラスがいっしょに入れる多目的教室で行います。

「こんにちは。はじめまして。みんなは、今、何年生?」

「小学校4年生!!」

「じゃあ9歳《さい》か10歳《さい》だね。それでは、今みんなはどんな時期にいるか知ってる?」

「思春期!」。そして「反抗《はんこう》期!」なんていう単語も飛び出します。

「そうだね。よく知っているね。思春期っていう時期だよね。反抗《はんこう》期って言ってくれた人、反抗《はんこう》してるの?」

「うん」

「誰《だれ》に?」

「お母さんとか……」

これには、後ろで聞いている保護者の方たちも思わず笑ってしまいました。

「今日は、思春期、反抗《はんこう》期も含《ふく》めて、これから、近い未来にみなさんの体に起こることをお話ししていきたいと思います。では質問! 思春期ってどんな時期なんだろう?」

「背が伸《の》びるとか成長する時期!」「体が大人になる?」など教科書に書いてあることをつぎつぎと発表してくれます。

「そうですね。大人の体になるって、どんな

いきいきした質問が飛び出す小学校での授業

ところが変わるんだろう?」

この問いかけには、「声変わり?」「毛が生える!(笑)」などと少しはずかしそうに何人か答えてくれます。このような時には、いつもこんな話をします。

「大人への体の変化のことは、なんかはずかしいと思ってしまうよね。だって、簡単に人に見せたりするところではないから。それでいいよ。はずかしいという気持ちはそのまま大切にしてください。ただ、はずかしいから聞かなくていい? 知らなくていい?」

「ううん。違《ちが》うよ」と答えてくれます。みんなはわかっているのです。

「自分の体のことはきちんと知っておきたいよね。だから、今日ははずかしい気持ちは大切にして、でも近い将来に自分の体に起きることとして覚えておいてくださいね」

こんなやりとりの後、思春期の変化を起こす化学物質の話や、その化学物質はホルモンという名前であること、ホルモンを体の中でしっかりとつくり出すために、きちんと「食べて、遊んで、寝《ね》る」ことが大切という話が続きます。

「この思春期に出てくる性ホルモンが性器に働きかけて起こる現象として、女の子には『月経』（月経については40ページコラムも参照）、男の子には『射精』（射精や男の子の現象については86ページ参照）が始まります。この性器に関係することとして、今日絶対に覚えて帰ってほしいことをこれから話します。プライベートゾーンという考え方です」

スライドには、プライベートゾーンのイラストが映し出されます。

自分だけの場所というルール

「聞き慣れない言葉かもしれませんが、プライベートゾーン、つまり、自分だけの場所ということです。イラストにあるように〝水着で隠《かく》れる場所〟と覚えるといいと思います。プライベートゾーンは、勝手に触《さわ》ったり、触《さわ》られたりする必要のない場所、それから強制

プライベートゾーンは水着で隠れる場所　執筆者提供

されて見せたり、見せられたりする必要のない場所という人間関係のルールなのです。このルールは、友だち、家族、先生と生徒など、どんな関係の人であっても、共通するルールです。今日は、ほかのことは忘れてもいいから、このルールは覚えて帰ってね」

そして、「もしプライベートゾーンのルールを勝手に破ってくる人がいたらどうする?」と尋《たず》ねます。「痴漢《ちかん》とか?」とある子が聞いてくれました。

「それもあるね。そんな時どうする?」

「なぐる!」、「ぶっ飛ばす!」、「逃《に》げる!」、「警察に言う」という反応が返ってきます。

「どれも正解。ただし、その前にやることがある。みんなは、ルール違反《いはん》をされていいかなぁ」

「やだ〜!」

「そうなの。あなたたちが悪いのではないから、その"いや"という気持ちをきちんと言う。そして、その場から、急いで離《はな》れることが大切だよ。できれば、ルール破りをした人がいたことを、まわりにいる信頼《しんらい》できる大人に伝えてください」

このようなルールは直接、思春期の変化には関係がないと思われますが、性にかかわる大切な考え方になります。そのため、この時期に覚えておいてほしいと思っています。

"信頼《しんらい》できる大人"に相談を

性に関するルールの後に、女の子に起こる月経について話します。将来、赤ちゃんをお腹の中で育てるために、赤ちゃんのベッドをつくる現象が子宮で起こること、それは約1カ月に1回のペースでリズムのように体の中

でくり返されることを話します

男の子には、射精という現象が始まることを話します。毎日、精巣（77ページ参照）の中で赤ちゃんのもととなる精子をつくるようになり、それを体の外に排出《はいしゅつ》するということを説明します。

「これらの現象が現れる時期は、個人差があることを覚えておいてくださいね。それから、女の子の月経は小学5・6年生から始まる子が多いのです。だから、女の子にとってはもう近い未来のことですね。男の子は、中学1・2年生で経験する子が多いので、男女差があるということも知っておいてくださいね。だから、男の子はまだなかなか実感が湧《わ》かないと思うけれど、こういうことが起こるんだと記憶《きおく》しておいてね」

最後に、思春期になるといろいろな悩《なや》みが

多くなることにふれます。

「悩《なや》んでもいいのよ。でも、悩《なや》んで何もわからなくなったら、相談することも覚えておいて。お友だち同士でもいいけれど、まわりにいる〝信頼《しんらい》できる〟大人に相談することを覚えておいてください。大人は思春期という時期を通り抜《ぬ》けてきた先輩《せんぱい》だからね。保護者に話せないことなら、担任の先生、先生にも言えなかったら、保健室の先生や校長先生もいるからね」

「えーっ、校長先生もいいの?」

「そうだよ。校長先生は、みんなの悩《なや》みを聞くのも仕事だから。相談することも大切!」

ある女の子は「最初は、生理って、いつくるかわからなくて怖《こわ》かったけれど、話を聞いて、新しい命が生まれるためのもの、幸せが近づいている印とわかってホッとしました」


と感想を寄せてくれました。

自分の体の変化を受け止めることは、大人への第一歩となるのかもしれません。

命の授業 2 思春期の扉が開く

大人になるってどんなこと？ 心の成長ってどんなこと？

小学6年生

小学校6年生への心の授業

小学校6年生になると、まさに思春期の扉《とびら》が開く時期。体も心も大人になり始めます。

特に女の子では第二次性徴《せいちょう》が進んで、体つきが大人っぽくなる子が多くなる時期です。

ですから、この時期のクラスでは、なんとなく女の子のほうが体が大きく、雰囲気《ふんいき》も大人っぽくなって、男の子のほうはまだ小さいことがあります。これは、思春期が開始する時期が男女では違《ちが》うために起こることなのですね。

このような時期には、心の成長、そして大人になるってなんだろう？ そんなことを考えてもらう話をします。

もう来年は中学生

「6年生のみなさんは、つぎの4月になると中学生ですね。中学生になると学校のこと以外で大きく変わることがあります。さて、なんでしょう?」

「制服になる?」

「算数が数学に変わる?」

　6年生になると考えもしっかりしてきます。

「確かに。でも学校以外で変わることを考えてみて。ヒント、倍になるよ」

「あっ、バスの運賃とか」

「そうなんだよ。4月から中学生になると全員、大人料金になるからね。子ども運賃の倍です。東京《とうきょう》ディズニーランドも〝中人〟というチケットになって値段が上がります」

たいていはみんな、えーっという顔をします。なかには「くそー」などと言っている子もいます。中学生の運賃については、意外に気付いていない子が多かったようです。

「大人料金なるということは、社会が中学生は大人として扱《あつか》うよ、という意味合いが出てくるということですね。そうです、中学生は、子どもと大人の境目ということになるのです。だからこそ、今、大人になるということを考えていく必要があるんですね」

　ここで、大人になる体と心についてもう一度確認をします。復習も兼《か》ねて思春期の体の変化を確認もしていきます。男の子の思春期の変化としては、中学1年生前後に起こるので、この時期にもう一度確認をしています。

変化が必要な理由

「思春期の時期って、こんなふうに体や心が

変化する時期だけど、なんでこの時期に変わる必要があるんだろうね。ず〜っと今の6年生のままでもいいんじゃないの？」

こんなことを問いかけてみます。ある子は、「うん、今のままのほうがいい」と言ったり、ある子はなんでだろうと不思議な顔をしたりしています。ある男の子が「だって、今のままじゃ仕事ができないよ」と言いました（あとで担任の先生に確認をしたら、大工さんになりたい子でした）。

「そうかぁ、そうだね。いいところに気がついた。確かに仕事をするには、子どものままでは難しいよね。それから？ ほかにも大人になる必要があることって何だろう？」

「家族をつくる」

「赤ちゃんを育てること？」

「そうだよね。考えてみると子どものままでは、仕事や子どもを育てることって難しいよね。だから、体や心が大人に変化する必要があるのかもしれないね。みんなは、学校で生活科や社会科の授業で、仕事のことや家族のことなどを勉強してきたよね。理科では、生き物のことや生命の誕生《たんじょう》を勉強してきました。まさに小学校で勉強してきたことって、大人になるために必要な知識なんだね。

そして、自分は変わりたくないと思っても体は自然に自分で気がつかないうちに変わっていくけれどね。では、心はどうだろう？」

「変わらない？」

「変わると思う」

「どっちだろうね。考えてみて？　小学校に入る前のころと今とでは、気持ちは変わってきていませんか？　特にお母さんお父さんに対してとか。小さいころは、お母さんの言うことを素直に聞いていたでしょう。でも今はどう？　テレビを見ている時に『勉強しなさい！』って言われたら、ほとんどの人はこんなふうに言ってるよね。『今、やろうと思ってた！』って」

たいてい、爆笑《ばくしょう》が起こります。なかにはウンウンと、うなずく子もいます。

「心の成長は、体の成長と同じように自然に始まって気がついたら大人、というわけにはいかないかもしれない。自分でも意識する必要があると思います」と大人になることについて考えてもらいます。

健康な成長って？

「それでは、確認です。体が健康に成長するためには、どうしたらいいのでしょう？」

「ご飯を食べる！」、「早く寝《ね》る！」など、今

まで習った健康を支える方法について、みんなが答えてくれます。

「それじゃ、心が成長するためにはどうしたらいいだろう？」

「食べる？　寝《ね》る？」

「そう、食べて運動して寝《ね》ることが体の成長や元気な体を支えるのに大切なことというのは、1年生のころから習ってきたよね。もしかすると、体と同じように心にも栄養、運動、休養って必要かもしれないよ。みんなで考えてみない？」

ここで、〝心の栄養　心のための運動　心のための休養〟と書かれたスライドを紹介《しょうかい》します。そして、具体的にどんなことがあるかをとなり同士で話し合ってもらったり、時間がとれれば紙に書いてもらったりと、考えてもらいます。

みんなは「旅行に行く」、「友だちと話す」、「マンガとか好きなものを読む」など、自分の心のためにいいと思うことを話してくれます。ある女の子は、「私の心の休養は、空を見ることです」と書いてくれました。

「この心の成長に必要なことに〃答え〃はありません。自分の心にいいと思えることを考えることが大切なのですよ」と結びます。

読書と心の成長

つぎに私が考えている〃心の成長〃のお話をします。「このクラスの何人かも書いていましたね。そう、『本を読むこと』です。本を読むことで自分の心を豊かに大きくし、さらにその本について他人と話をすることで、自分の心を柔軟《じゅうなん》にすることができます。小説を読むことで、いろいろな体験ができるし、偉人《いじん》の話を読めば、昔《むかし》のことがわかるよね。そして、好きなテーマの本を読むことは、気持ちが良いことですね」。本を読むことにつ

学校図書館は、心の成長となる本と出合える場所　執筆者提供

いて話している時、うなずいている子がいると私自身もうれしくなります。

「では、今から担任の先生からお薦《すす》めの本を紹介してもらいます」

先生が掲《かか》げた本を見て、「読んだことある〜!」、「その本、知ってる〜」という声が上がります。「いいねえ。読んだことがない人は、ぜひ読んでみてね。図書室にあるからね。そして、どこが良かったのかや、どこがわからなかった、などその本の感想をぜひ先生とお話してくださいね」。

続けて、復習になりますが、体と心が変化する時期は、個人差や男女差があるということ、その差には〝優劣《ゆうれつ》〟がない（早いからいいとか、遅《おそ》いからだめということはない）ということを伝えます。

金子《かねこ》みすゞさんの詩「私と小鳥と鈴と」の一節を用いて、「みんなちがって、みんないい。」という言葉を伝え、違《ちが》いがあることの大切さも話します。感想を見ると「違《ちが》っていいと言われたことで安心した」と書いている子がたくさんいます。また、「なぜ大人になるのか疑問だったけどわかった」と書いてくれた男の子もいます。私が興味をひかれたのは、「これから、自信をもって、手をあげて発表したい」と書いてくれた子が多いことです。もしかすると大人になるって、自信をもって生きることなのかもしれませんね。

だからこそ、「命の授業」の最後は、いつもこの言葉で終えています。

「これからの自分の心の成長を支えることを今から考えておいてください。そして、違《ちが》いのわかるすてきな大人になってほしいと思います」

命の授業 3 少しだけ性にふれていく

思春期、好きな人、産まれるのは命がけという話

中学1年生、2年生、3年生

中学校における命の授業

　中学生になると、小学の時よりも〝性〟ということに興味をもつ人も多くなりますね。ですから、中学生へのお話は、小学生よりももう少し〝性〟ということにふれていきます。
　ある中学校では、それぞれの学年に合わせて、お話をしています。

　中学1年生には、主に思春期の体と心の変化と第二次性徴《せいちょう》について話します。小学校で命の教育を受けているかいないかによっても変わりますが、はじめはその復習も兼《か》ねています。プライベートゾーン（13ページからを参照）の話では、その基本的な考え方といっしょに〝ズボン下ろし〟のことを例にあげて話をします。

「ズボン下ろしって、なんでいけないかわかる？　安易にふざけた気持ちでやってしまうと思うけれど、性器が見えてしまうことがあったりするとプライベートゾーンのルールにかかわることだよね。だからそういうことをしてはいけないことはわかるよね。さらに『エッチな言葉』を大きな声で連呼するとかも同じなんだよ」

この話をすると今まで笑っていた人たちも真剣《しんけん》な表情で話を聞いてくれます。

プライベートゾーンという言葉を知る利点は、安心して「断る」ことができることです。ある講演会でプライベートゾーンのことを話した後のことです。教室に戻《もど》るさいに、一人の女子生徒が、ほかの女子生徒の胸をふざけて触《さわ》ったようでした。すると触《さわ》られた子は、「プライベートゾーンだから、触《さわ》らないで」と爽《さわ》やかに口に出し、触《さわ》った子はすぐに謝ったシーンを目撃《もくげき》しました。言葉を知ることは、こういう力になるのですね。とてもうれしくなりました。

中学2年生は好きな人とのつきあい方

2年生になると、性交や男女のつきあい方の話をしていきます。

「思春期はどういう時期？」と尋《たず》ねると「反《はん》抗《こう》期！」と、小学生と同じ意見もあれば、「恋をする時期？」のように少し大人になった意見も出ます。

「それでは、なぜ思春期って、春を思うって書くんだろうね。みんなは、春を思っていますか？」と聞くと、「思ってない」、「青春だから？」という声も。

「そう。青い春って書くのはなぜ？」

「性に興味をもって、考えるのはよいこと」と話します

「う〜ん」

「難しいですよね。『春の季節に若葉などが育っていくから』という哲学《てつがく》的な答えもあります。春の漢字の意味を考えたことがある?」

そう言いながら、スライドに春という漢字を映し出します、

「春という漢字を漢和辞典で引くと、辞書によって表現はいろいろだけれど、四季のひとつ、年のはじめ、年頃《としごろ》、青年期という意味のほかに、男女の情欲という意味が入っているんだよね。つまり春っていう漢字に、〝性〟の意味をもたせているんです。だから思春期って、性のことに興味をもつ時期だよと言っているのです」

ライフステージのなかでも、乳児期、成人期と違《ちが》って、ひとつだけ組み立てが違《ちが》う思春

期という言葉。これは、その特徴《とくちょう》を大げさな言い方をせずに表しています。昔《むかし》の人は上手な表現をしましたね。好きな人と話したい、つきあいたい、さらには性交（セックス）したいと考えることも不思議ではないということです。

つまり、この時期は、他人に興味をもっていい、性的な感情も含《ふく》めて関心をもっていいのです。教科書には、思春期の時期には、〝異性に興味をもつ〟と書いてありますが、異性だけと限定せず「自分以外の他人」に興味をもつ（性的アイデンティティーの考え方については１２８ページを参照）、と考えていいとお伝えしています。

みなさんは「性」や「性交」という単語を聞くとちょっと心がざわつくというか、落ち着かない気持ちになりませんか？　どうしてなのでしょうね。

「性交の目的はなんだろう？」。そんな問いかけをすると、「子どもをつくるため……？」と答えてくれます。そう、正しい答えです。

「生殖《せいしょく》をする方法として、性交（セックス）という方法を人間（胎生《たいせい》をする生物）は選択《せんたく》したのですね。だから性交するって、ある意味で命を産み出す方法と言えます。大切な方法だよね」

ここまで話すと、それまでのざわつきが少し収まります。さらに、なぜ月経・射精という変化があるのかということに話を進めていきます。

性に興味をもっていい

「月経や射精があるということは、〝生殖《せいしょく》〟というつぎの世代を産むことができる能力が

備わったということなんだよね。だから、中学生であっても性交をして、赤ちゃんをつくることはできるのですね。でも、中学生だとその赤ちゃんを育てる能力はあるだろうか？　難しいよね。まだ、みなさん自身が、保護者の方たちに育てられている状態だからね」

そして、続けます。

「先ほど『性交』って話を出した時にみんなが少しざわついたよね。たぶん、生殖《せいしょく》だけが目的ではないって思っているからだよね。実は、性交の目的には二つあって、ひとつは生《せい》殖《しょく》、もうひとつは人間らしい理由、豊かな感情をもっているから、とも言えるかもしれない。だから、好きな人といっしょにいたい、ふれ合いたいという気持ちがあって当然です。そのひとつが〝セックス〟という方法ともいえるのです。でも、好きだったら誰《だれ》とでもいい？ いつでもいい？」

何人かが「ううん。イヤだ」という表情をします。

「そう、信頼《しんらい》できる人、対等に関係をつくれる人、できればおたがいの人生を考えられる人がいいと私は思う。そして、生殖《せいしょく》という目的と関係する以上、大人になって自分で自分の生活を支えられるようになってからがいいんじゃないかな」

最後に、こう伝えます。

「思春期には、性を思うという意味があるんだから、興味をもっていいのです。一生懸《いっしょうけん》命《めい》考えてくださいね。ただ、表面だけのおもしろおかしさを優先して何も深く考えないような、興味本位での行動はしないでね。まだ、性について興味がないという人もそれもいいからね。ただ、こういう考え方もあることを知っておいてくださいね」

このように、小学生の時に比べると中学生のみなさんには大人としての話ができるようになっていきます。このあとにデートDV*についての話をすることもあります。

中学3年は、まとめ

そして3年生になると、3年間のまとめとして「いのちの誕生《たんじょう》」の話をします。覚えてほしいことは、思春期の体の変化が、次世代を産むことにつながっていることです。命を産むということ、生まれてくるという意味を受験や義務教育が終わる前に考えてほしいのです。

〝産む〟ということも大変な作業ですが、生まれることも命懸《いのちが》けなのです。

「この写真を見てください。生まれたばかり

＊デートDVについては別巻『大人になる前に知る性のこと』を参照。

の赤ちゃんの頭です。頭の形が少しいびつになっていることがわかりますか？　こんなふうに赤ちゃん自身も頭の形をなるべく小さくしながら、子宮に続く、狭《せま》い産道をゆっくりゆっくりと進んでいくのです。お母さんも辛《つら》い思いをするし、赤ちゃんもがんばる、二人の共同作業が出産とも言えるのです。あなたたちも全員、こんな大変なことを乗り越《こ》えてきたのです」

この説明をして、出産のようすの映像を見てもらいます。生まれてきた赤ちゃんが〝産《うぶ》声《ごえ》〟を上げるところも映し出されます。

「生まれたばかりの赤ちゃんがなぜ泣くか知ってる？　はじめて肺を使って呼吸をした証《しょう》拠《こ》なのです。だから、産声《うぶごえ》を上げたということは、あなたたち自身が、これからがんばって生きていくぞって宣言をしたと同じことなんだよね。そのことを人は成長とともに忘れてしまうけれど、思春期の今だからこそ思い出してね」

出産について話をした後に、「赤ちゃん人形」を紹介《しょうかい》します。「人形だけれど、本物の赤ちゃんと思って抱《だ》っこしてね」と生徒全員で赤ちゃん人形を抱《だ》っこしてもらいます。

この人形は、赤ちゃんをお風呂《ふろ》に入れる練習をするために作られている人形で、生まれたばかりの赤ちゃんとほぼ同じ大きさと重さをしています。

「意外に重い！」

「かわいい」

あまりにリアルで少しばかり気持ちが引いてしまう人もいますが、いつしか自然に抱《だ》っこをしています。赤ちゃん人形には不思議な魅力《みりょく》がありますね。

ずしりと重みのある、赤ちゃん人形

「あまりにかわいいので連れて帰っていいですか?」と言って、抱《だ》っこをしたまま離《はな》そうとしない男子生徒もいます。
「赤ちゃん人形を抱《だ》っこした時、かわいいと思いました。ただ、人形なので動かないけれど、実際の赤ちゃんは動くし、おしっこやうんちもするだろうと考えると大変かなと思いました」という感想を書いてくれた女子生徒がいました。
どんな思いを抱《いだ》いてもいいのです。実際のようすに近い人形を抱《だ》っこすることで、出産のこと、赤ちゃんを育てることを想像してほしいのです。

命の授業 4 自分の〝好き〟探し

自分を大切にすることは他人を大切にすること

小学校高学年・中学生

自分の〝好き〟を探そう

思春期には、体の成長と性徴《せいちょう》という変化を体験しますが、その変化は自分で意識しなくても始まりますね。しかし、心はどうでしょう？　心も同じように変化しているはず、つまり大人になっているはずですよね。でも、なかなかそうは感じられないと思うでしょう。

103ページ（「サナギが羽化する時がいちばん不安定」）にも書きますが、イライラしたり、人と比べたり、自分を嫌《きら》いになったりすることがあるのは、思春期が不安定で不安な時期と言えるからです。

こんな時には、自分のことを考えてみませんか？

そのひとつが「自分の〝好き〟」を探すこ

と。

「そんなの知っているよ、自分のことだもの」。そう思っているみなさん。ほんとうにそうでしょうか？ よく考えると意外に思いつかないものです。反対に、最近のみなさんの会話を聞いていると「それキライ！」「ヤダ」「ムリ」「ウザイ」「キモイ」「ヤバイ」などなどの言葉をよく聞きます（もちろんヤバイは時にはすごくいいという時にも使ったりしますね。おいしいお酒を飲んだ時、「これヤバイ！」って大人は言ってしまいます。おいしくて飲みすぎるので翌日の仕事に響《ひび》いてしまったり……という意味です）。

これらの言葉は言いやすいのでしょう。これヤダー、キライ、ウザイ。これを言った後はもう何も考えなくてすみますよね。

ということで、ここでは、「キライ」の反対の「スキ」を探してみましょう。

「好き探し」ワークシートを使おう

やり方は、以下のとおりです。

35ページ「自分の〝好き〟探し」ワークシートにある項目《こうもく》について、好きなものを考えていってください。もちろん、書いてもいいですよ。

ポイントは、具体的に考えることです。好きな食べ物、花、匂《にお》い、場所など。ここにある項目《こうもく》は、身近にあるものを選んでみました。自分で項目《こうもく》を変えて、ほかのものにしてみても、かまいませんよ。

たとえば、好きな色については、「赤」「青」というように書きますね。でもここではもっと掘《ほ》り下げて、くわしく書いていくのです。

というのは、みなさんが知っている赤色には、実にたくさんの種類があるのです。身の回りを見ると、赤と分類できる色が多くありますね。みんな同じ色でしょうか。薄《うす》い赤、濃《こ》い赤、黄色がかった赤などいろいろな赤があります。それらには、名前もついているのです。薄紅《うすべに》、真紅など、表す言葉がたくさんあります。青も黄色も浅葱《あさぎ》色、縹《はなだ》色、山吹《やまぶき》色レモンイエローなどそれぞれ名前があります。

もし、自分の好きな色の名前を知っている人は、それを書いてください。でも、名前を知らないことのほうが多いですね。その場合は、空の青でもいいですが、さらに具体的に「夏の空」？「秋のはじめの空色」？「朝の空」？

空の色も季節や時間によって変わるので、どの空の色かを書いてみましょう。

食べ物の欄《らん》には、「ハンバーグ」でもいいけれど、あなたが好きなのは「〇〇（あなたの好きな有名レストランチェーンなどの名前を入れてください）」の和風ハンバーグですか？それとも「お母さんの作った」ハンバーグですか？ラーメンだったら、それにもたくさんの種類がありますね。塩、しょうゆ、味噌《みそ》、豚骨《とんこつ》など、あげればきりがありません。お肉も、豚《ぶた》、牛、鶏《にわとり》、馬、猪《いのしし》など、これまたいろいろです。

そう、この「〃好き〃探し」は、ただ、好きなものをあげるだけではなく、具体的にくわしく自分の好きを探すことなのです。もちろん、ひとつの項目《こうもく》に何個でも好きなものを書いてもいいのです。とにかく考えることが大切なのです。

「自分の〝好き〟探し」ワークシート　名前＿＿＿＿＿＿

・自分の好きな色

・自分の好きな食べ物

・自分の好きな匂い

・自分の好きな花

・自分の好きな場所

・自分の好きな曲・歌手

・自分の好きな同性のタイプ

・自分の好きな異性のタイプ

・楽しいと感じるもの、こと　リラックスできるもの、こと

・自分の好きな（　　　　　　　　　　）←なんでもOK

自分の好きを表現

今まで、学校でこの「自分の〝好き〟探し」をすると、ほんとうにたくさんの人がさまざまな〝好き〟を書いてくれました。特にすてきだったものをいくつかあげると、「好きな色（卒業した）小学校の校門の脇《わき》に咲いているアジサイの紫色《むらさきいろ》」「好きな花　畑に咲くハスの花（お家がレンコン農家だそうです！）」「好きな食べ物　お父さんが出張の帰りに買ってくるしゅうまい」。

みなさん、それぞれが自分の好きを詩的な具体的な表現で表してくれるのをみると、読んでいるほうもうれしくなります。

そして、この「〝好き〟探し」には〝正解〟〝不正解〟はありません。あなたが答えた項《こう》目《もく》はすべて真実、と言えるからです。好きを探している時、誰《だれ》かにこう書きなさい、こう書いたほうがいいなど、強制や誘導《ゆうどう》をされましたか？　もちろん、他人のを見て「ああ、そういうものもあるんだ」と気がついたことはあったかもしれませんが。

ほとんどの人が自分で考えて、自分でたどり着いた〝好きなものやこと〟でしょう？

好きなことと必要なことのバランス

だからこそ、自分で探した〝好き〟を大切にしてください。その〝好き〟という気持ちはまぎれもなくあなた自身のものです。

だからと言って、好きなものばかり食べたり、したりすることはどうでしょう？　たとえば、好きだから、ハンバーグばかり食べていてもいいのでしょうか？　好きだから、ゲームばかりしていていいのでしょうか？

答えは、NOですよね。ハンバーグばかり食べていては、栄養が偏《かたよ》ること、それはあなたの成長を妨《さまた》げることになるということは、わかるはずです。ゲームばかりしていては、勉強をはじめ、生活に必要なことを学ぶ時間がなくなってしまいます。好きなことは大切にする、でも好きなことばかりではなく、あなたの人生に必要なことも行わなければなりません。時にはその〝必要なこと〟は、イヤなことだったり、辛《つら》いことだったりするかもしれません。好きなことと必要なことは、分けて考えてもいいかもしれません。

そして、自分の好きが大切ならば、他人の好きはどうでしょう？　もちろん大切ですよね。ですから、他人（あなたの家族や友だちなど）が好きなことやものも大切にしてください。そして、決して相手の好きに、無理に合わせる必要もありません。また、自分の好きを押《お》しつける必要もありません。

他人が、自分とは違《ちが》う気持ちをもっていることを理解してください。それは、相手を受け入れる第一歩になります。たとえ、自分自身では好きではないことでも〝否定しないこと〟が大切なのです。

ですから、「なんだぁ、こんなの好きなんだぁ」なんて、他人の好きをからかったり、バカにしたりすることは、絶対にしてはいけません。そんなことをする〝必要〟はないのです。

もし反対に、誰《だれ》かにからかわれたり、バカにされたりした人は、そんなことに対して、落《こ》ち込んだり、怒《おこ》ったりする〝必要〟もありません。なぜなら、自分の好きは大切なのですから、からかわれたって「そうだけど、それが何か?」って、平然と答えてあげればいいのです。

好きなものによる偉《えら》い、強いはありませんよね。青が好きな人が偉《えら》いですか? バラの花が好きな人が強い人でしょうか?

自分も他人も大切に

思春期に不安を感じたら、そんな時は、少し立ち止まって、こんなふうに自分にとって大切なことを考えてみることもいいのではないでしょうか。それが、自分を大切にすること、同じように他人を大切にすることになるのです。この好き探しの授業の後に、生徒のみなさんからこんな感想が届きました。

「好きなものってすぐ言えると思って、取り組んだけれど、意外に書けなくて苦労した」。そうですよね。「あれっ、よく考えると自分

好きな食べ物
チーズ入り
ハンバーグ！
シーフード
カレー！

の好きな食べ物ってなんだろう」なんてね。

「自分は、こんなことが好きだったんだと、あらためて感じた」。自分の意外な一面に気がついたりしますよね。

「ほかの人の好きなものがわかってよかった」。大切な友だちだけれど、今まで好きなものってしっかり聞いたことがなかったと気付いたりしますよね。

「〝好き〟を大切にしていると自分らしくいられるんだなと思いました。他人と自分を比べない、自分の好みを押《お》しつけない、あたりまえに思えることもこんなに大切なんだなと思いました」。あたりまえなことは、空気と同じように私たちのまわりにあるのにわからないことなのかもしれません。でもなくなったら大変なことになりますね。

〝自分の好き〟は、これから生きていく中で変わったり、変わらないものもあったり、増えたり減ったりしていくでしょう。もしかすると「自分の〝好き〟探し」は生きていく限りずっと続いていくことなのかもしれません。

（東京《とうきょう》学芸《がくげい》大学　鈴木《すずき》琴子《ことこ》）

Column

女の子の健康を支える月経（生理）

東京学芸大学　鈴木琴子

女の子にとって、月経（生理）は大きな関心事でしょう。たぶん面倒《めんどう》くさいと思っている人も多いのではないでしょうか？　修学旅行や運動会などイベントの時に月経が起きてしまうと憂鬱《ゆううつ》ですからね。そう思うのはあたりまえです。でも、毛嫌《けぎら》いせずにどうぞ月経の意味を知ってください。

月経は、赤ちゃんという生命を産み出すのに必要な能力なのです。まだ赤ちゃんを産む年齢《ねんれい》ではないのにと思うかもしれませんが、その能力を発揮する準備（練習）を始めるのが思春期なのです。思春期を迎《むか》えると性ホルモンが卵巣や子宮に働きかけを行い、卵巣では赤ちゃんのもととなる卵子を育てて、月に1回卵子を子宮の中へ送り込《こ》みます。それと並《へい》行《こう》して、子宮では、受精卵を育てるために子宮内膜《ないまく》（胎児《たいじ》、赤ちゃんが育つベッドのようなもの）を子宮の内側に準備します。成熟した卵子が精子と合体して受精卵となり、子宮内膜《ないまく》にうまく着床《ちゃくしょう》すれば妊《にん》娠《しん》に繋《つな》がります（妊娠の成立については62ページを参照）。ただし、毎月受精卵が着床《ちゃくしょう》することはなく、準備をした子宮内膜《ないまく》はつぎの受精卵のために子宮の内側からはがれて、外に出されます。これを月に1回のリズムでくり返すのが、「月経」の仕組みです。この赤ちゃんを産むための準備は、誰《だれ》かに教えられなくても、思春期に入るとちゃんと始まります。そして50歳《さい》ぐらいまでくり返し続きます。こうした、すばらしいプログラムが、女の子たちの体には備わっているのです。

半面、体のリズムですので、女の子の都合に合わせてくれませんから、時として面倒《めんどう》くさいことになるのですね。人によっては、月経中にお腹が痛くなる（月経随伴症状《ずいはんしょうじょう》）ことや月経が始まる前にも頭痛がしたり、腰《こし》が痛かったり、イライラしたりという月経前症候群《しょうこうぐん》（PMS*）というのを感じることもあるでしょう。また、この症状《しょうじょう》についても、もの

＊PMS　premenstrual syndrome の略。

すごーく感じる人もいれば、まったく感じないという人もいて、女の子同士でも違《ちが》うのです。だから、自分だけと感じてしまい、気分が落ち込《こ》む人もいるのです。こういう時には、ぜひ信頼《しんらい》できる人に相談をしてください。

月経は、生命を産み出す能力として、〝女性〟という性のみに備わっていることです。そのため、昔《むかし》は赤ちゃんを産むことが女性の仕事のように考えられていたこともありました。しかし現代は、男性も女性も社会でさまざまな能力を発揮することが保障されている時代です。だからこそ、将来子どもを産むか産まないか、産むならいつということを女性自身で決めていいのです。ただし、妊娠《にんしん》するのにも年《ねん》齢《れい》的な限界はあることを知っていてください。35歳《さい》を過ぎると卵子自身の「老化」が始まって、妊娠《にんしん》するのが難しくなることがあります。

思春期のみなさんが、将来自分の能力を発揮するために、今できることがあります。それは、しっかりと「栄養・運動・休養」を取り、月経というリズムを整え、健康管理をすることです。今の女の子は、「痩《や》せていること」があこがれになっているようですが、ダイエットしすぎないこと（102ページも参照）も大切です。なぜ痩《や》せていなければいけないのか、なんのために痩《や》せるのかを考えてみてください。痩《や》せすぎることも、太りすぎと同じく、健康を阻害《そがい》することがあるからです。

健康を阻害《そがい》することに、もうひとつ「過度な化《け》粧《しょう》」もあります。若いみなさんの素肌《すはだ》は、おばさんから見れば化粧《けしょう》の必要がまったくないほど、透明《とうめい》で美しい肌《はだ》なのです。思春期のあいだは、洗顔して、基礎化粧《きそけしょう》液をつけて、UVケアをするだけで十分ということも知っておいてほしいのです。〝化粧《けしょう》〟は、まさに化けること、おばさんのシワとシミを隠《かく》すためのものなのですね（泣）。

最後に、あなたのまわりに、あこがれるような大人の女性はいませんか？ そのような人がいれば、人生のお手本として、人生の先輩《せんぱい》として、ぜひ目標にしてください。そして、すてきな大人の女性になりましょう！

2章

命って何?

小学1年生から知る、「命の誕生」

赤ちゃんが生まれること小学校に入るまでのこと

命って何？

みなさんは、命が大切、と学校で習うと思います。その命はどこから来るんだろう？そんなことを思ったことはありませんか？

小学校1年生のみんなに「みんなは、生まれる前はどこにいたのかな？」と尋《たず》ねると、口ぐちに「お母さんのお腹の中！」と大きな声で答えてくれます。「それでは、お母さんのお腹のなんという場所にいたのでしょう？」と聞くと「心臓！」、「胃？」などと自分の知っている体の中にある臓器の名前をつぎつぎにあげてくれます。こんな小さな子たちも、体の中にある臓器の名前はいろいろと知っているのですね。なかには、「膵臓《すいぞう》」、「腎臓《かんぞう》」など難しいことを発言してくれる子もいます。しかし、赤ちゃんが育つ場所「子宮」のことはあまり知られていないようです。

「子宮」という臓器ですが、女性に特有の臓器で、受精した卵がこの場所で「胎児《たいじ》」として大きくなるのですね。ですから、私たちがしっかりと記憶《きおく》しておかなければいけないことが二つあります。

ひとつ目は、どんな場合でも「子宮」という場所で育ったのだということ、そこから今の生きている世界に生まれ出て来たのだということです。たとえば、お母さんと今いっしょに住んでいないという場合でもです。

もうひとつは、生まれてきたみなさん自身も、子宮の中で胎児《たいじ》として懸命《けんめい》に大きくなってきたのだということです。子宮の中で、約280日間を過ごし、子宮の外でも生きていけるほど十分に体の機能ができあがると、出産という形で子宮の外へ出てくるのです。そして、外に出てはじめて自分で呼吸をした印、「産声《うぶごえ》」を上げて、この世で生きていくことを始めるのです。

無意識ではありますが、「生きていこう」とする気持ちを生まれた時からもっているのです。

あなたの周囲のたくさんの人たち

そして、生まれてから小学校に入るまで、みんなは自分一人で、食べること着替《きが》えることなどをしてきたのでしょうか。子どもたちに尋《たず》ねると、「ちがーう。おかあさん！」、「おとうさん」、「おばあちゃん」とたくさんの声が上がります。「幼稚園《ようちえん》の先生」や「バスの運転手さん」、おもしろいことに「警察のひと！」（迷子にでもなったことがあるのかな？）などという声も上がります。

みんな、わかっているのですね。赤ちゃんとして生まれて、一人で生きてきたのではないことを。そう、今、元気に過ごしていられる（食べて、遊んで、勉強して、寝《ね》るということができる状態である）のは、親だけではなく誰《だれ》かしらのお世話になってきたということなのです。

その根底にあるのは、あなたが「大切な存在」であるから、まわりの人たちが手を差し伸《の》べてくれるということです。〝命〟が大切なのではなく、「命をもったあなた（生きているあなた）」が大切なのです。

たったひとつしかないあなたの命、だから「命が大切」なのですね。この世に生まれてくること、言い換《か》えれば〝生きる出発点〟をくぐり抜《ぬ》けたあなたは、それだけですばらしいと言えるのです。

どうぞ、命の原点に返って、自分のことを考えてみてください。

（東《とう》京《きょう》学《がく》芸《げい》大学　鈴《すず》木《き》琴《こと》子《こ》）

命がこの世に誕生するために欠かせない四つの要素

命を生み出す「一生懸命《いっしょうけんめい》」

命の誕生《たんじょう》。それは「四つの一生懸命《いっしょうけんめい》」がひとつになってその時を迎《むか》えます。

ひとつ目は妊産婦《にんさんぶ》さんの「一生懸命《いっしょうけんめい》」です。お産が始まると、波のようにやってくる陣痛《じんつう》（10分ごとの子宮の収縮）によって赤ちゃんが育つ部屋の扉《とびら》（子宮口《しきゅうこう》）が徐々《じょじょ》に開くのですが、初産婦で十数時間、経産婦《けいさんふ》（出産経験のある妊婦）でも数時間かかります。扉《とびら》が全部開いたら狭《せま》い産道を赤ちゃんは下りてきます。陣痛《じんつう》の波に合わせて妊産婦《にんさんぶ》さんは力を入れて赤ちゃんが下りてくるのを助けます。妊産婦《にんさんぶ》さんは汗《あせ》だくになりながら赤ちゃんを産みます。手を抜《ぬ》くなど絶対にできません。限界を超《こ》えた力を出してお産をします。

二つ目は赤ちゃんの「一生懸命《いっしょうけんめい》」です。赤ちゃんは狭《せま》い産道をどうしたら効率よく下りることができるかを知っています。顎《あご》を胸につけて丸くなりながら、妊産婦《にんさんぷ》さんの骨盤《こつばん》の形に合わせて方向を変えます。頭の骨もまだ柔《やわ》らかいので少し細長くする子もいます。全身を使って外に向かって生まれようとします。顔が外に出た後は90度向きを変えて、小さな肩《かた》を外に出し、その後、体をするりと出していきます。みなさんのなかに「産んでくれと言った覚えはない!」と思ったことのある人がいるかもしれませんが、赤ちゃんのこのような動きを見ていると、とてもそのようなことは言えません。赤ちゃんは必死で「生まれるぞー」って生まれてきます。

三つ目は見守る家族の「一生懸命《いっしょうけんめい》」です。立ち会いのお産では、腰《こし》をさすったり、お茶を飲ませたり、夫も汗《あせ》だくになりながらサポートします。誕生《たんじょう》の連絡《れんらく》を待っている祖父母、その他たくさんの人たちの応援《おうえん》をもらって赤ちゃんは誕生《たんじょう》します。

四つ目は取り上げる助産師(または産科医)の「一生懸命《いっしょうけんめい》」です。赤ちゃんと妊産婦《にんさんぷ》さんという二つの命の安全に全神経を使いながら、なおかつお産を通して妊産婦《にんさんぷ》さんの母性を育み、生まれる赤ちゃんが心豊かに人生のスタートがきれるように助けます。

赤ちゃんのもつ「幸せ」のパワー

以上の「一生懸命《いっしょうけんめい》」を結集して誕生《たんじょう》を迎《むか》えた瞬間《しゅんかん》、部屋の空気が喜びに変わります。

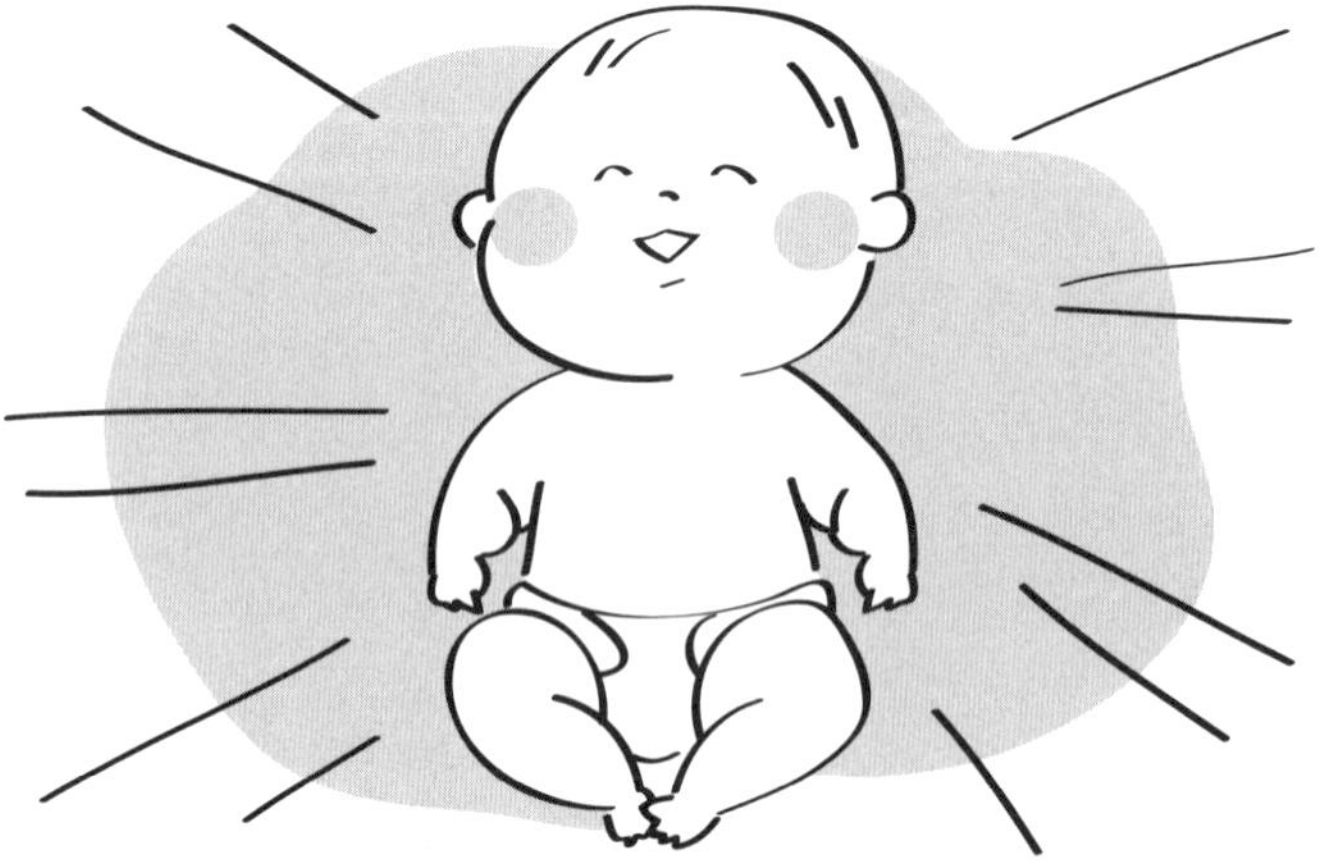

喜びが充満《じゅうまん》し、宇宙にまで広がっていくのではないかと思うほどです。
　赤ちゃんは世話をしてもらわなければ生きることができない、か弱い存在ですが、すごい力をもっています。それはプリプリ怒《おこ》っているような人でも即座《そくざ》ににっこり笑顔《えがお》にしてしまうほどの「幸せパワー」です。赤ちゃんの時だけではなく、どんな命でもすべての命は、ほかの人も自分も幸せにする「幸せパワー」をもっているのだと思います。「四つの一生懸命《いっしょうけんめい》」を引き出し、ひとつにさせるのも、そのパワーが発揮されているからではないかと思うのです。

（マナ助産院《じょさんいん》　永原郁子《ながはらいくこ》）

弟・妹の誕生と子どもたちの反応

新しい命を迎えて変化する家族の絆

新たな家族を迎《むか》える

みなさんには弟や妹がいますか？　または、兄や姉がいるでしょうか？　きょうだいのいる友だちを思い出しながら読んでいただいてもかまいません。

赤ちゃんを授かり、新たな家族を迎《むか》えようとする女性のなかには、夫の協力はもちろん、上の子どもたち（お兄ちゃんやお姉ちゃん）との協力を望む人が多くいます。家族といっしょに力を合わせながら赤ちゃんを迎《むか》え、祝福され、その絆《きずな》を深めたいと願うのです。出産を見ることで命の尊さ、喜び、その凄《すご》さを実感し共有してもらいたい、突然《とつぜん》、兄姉になるよりは妊娠《にんしん》から出産を通じて目の当たりにすることで家族の一員としてスムーズに受け入れられるのではないか、という思いもあります。上の子たちの赤ちゃんがえりが少し軽くなるのではないか、という理由もあります。

私の働く助産院で日常的にお産に立ち会う子どもたちの年齢《ねんれい》は、2〜5歳《さい》の幼児がもっとも多く、ときに小学生、まれに中学生もいます。

出産に立ち会った子どもたちの反応は、その年齢《ねんれい》、性別、きょうだいの有無、性格、母親が事前に赤ちゃんが生まれるということ、その時お母さんに何が起こるのかを伝え知らせておいたかどうかによってさまざまです。また、産む環境《かんきょう》によっても違《ちが》いがあります。自宅分娩《ぶんべん》か施設分娩《しせつぶんべん》か、出産の時間帯は昼か夜か、夫のサポートはあるのかないのか、とそれぞれです。

年齢《ねんれい》によって反応はさまざま

たとえば年齢《ねんれい》別に子どもたちの反応を見ると、1〜2歳《さい》児はマイペースで状況《じょうきょう》が理解できず、チョロチョロ動き回り目が離《はな》せません。3歳《さい》児は、ふだん見たことのない母親の形相、姿にびっくりして泣き出したり、お産の場所を離《はな》れてどこかで時間をつぶしてきたり。言葉が習得されコミュニケーション可能となった4歳《さい》児は出産の状況《じょうきょう》を「犬みたい」などと実況中継《じっきょうちゅうけい》をしてくれて、出産時の緊張《きんちょう》を笑いでほぐしてくれます。5〜6歳《さい》児は赤ちゃんが生まれてくるのがいちばんよく見える場所を見つけ、そこから出てくる瞬間《しゅんかん》を待っ

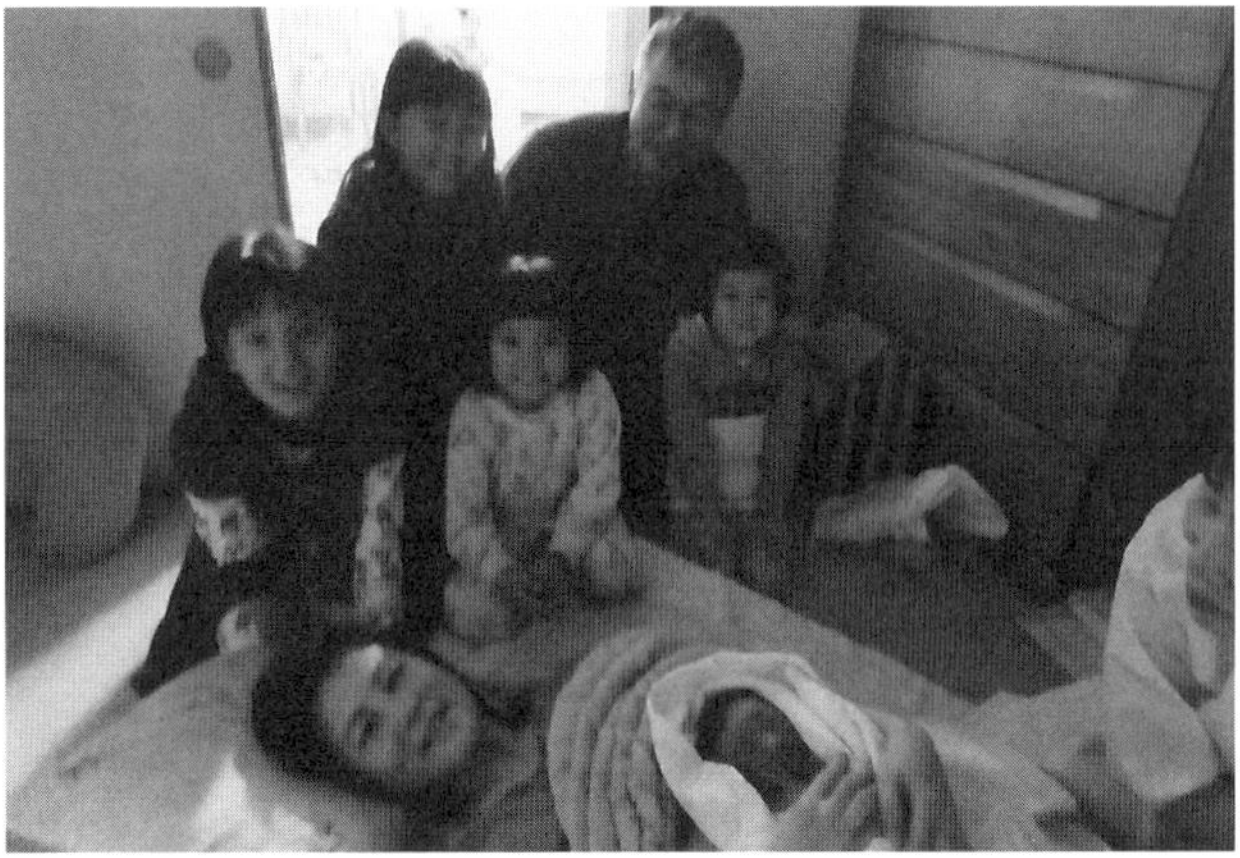
きょうだいみんなで誕生を喜ぶ

ています。特に女の子に多く見られる反応です。

小学生から中学生になると出産時のお手伝いができるので、カメラマンに変身したり、男の子は父親代わりとなって母親の汗《あせ》をぬぐったり、うちわであおいで水を飲ませてあげたり、母親の手をにぎってはげましたりしてくれます。

なかでも心に残っているのは聖歌隊となった4人の子どもたちのエピソードです。事前に譜面《ふめん》が用意され、4人の子どもたちが聖歌隊となって、母親の号令によって分娩《ぶんべん》の苦痛をやわらげようと歌い続け、5人目の赤ちゃんが生まれました。母親のために懸命《けんめい》に歌っている子どもたちの姿はとても印象的でした。

また、家族で出産を迎《むか》えたいと意気込《いきご》んで、期待して出産に臨んだものの、予想に反して子どもたちが泣き続け、夫は出産する部屋の外で子どもの相手をせざるをえなかった、ということもありました。母親の苦しむ姿を見ることができず一人ぽつんと部屋の外でおもちゃをいじったり、どうしたらよいかわからずロビーでうろうろしている子の姿も見たことがあります。助産師としては、このような場面は、子どもの気持ちを理解して、家族への細やかな配慮《はいりょ》を心がけます。

産後は、赤ちゃんはいつも抱《だ》っこされおっぱいを飲み、みんなに愛されています。上の子たちは自分も赤ちゃんみたいに「抱《だ》っこされたい」という願望が強くなります。その表現の方法は年齢《ねんれい》を問わず、さまざまで、いくつになっても赤ちゃんへの嫉妬心《しっとしん》はあります。その気持ちを理解し、自由に表せるように出産後の環境《かんきょう》を整えるよう気づかいます。

期待も不安もいっぱい

子どもたちは、どの子も母親の妊娠《にんしん》期間中から、赤ちゃんが生まれることを楽しみにしています。出産時は、ワクワクする気持ちと元気な赤ちゃんが生まれますようにと祈るような思いと、同時に不安や緊張《きんちょう》した雰囲気《ふんいき》が漂《ただよ》います。また、懸命《けんめい》に産んでいる母親の辛《つら》そうな姿を見て、こんなにも大変なことなんだと知り、母親の偉大《いだい》さに気付き、尊敬する気持ちさえ湧《わ》き上がります。

赤ちゃんの産声《うぶごえ》を聞いた瞬間《しゅんかん》は、自然と涙《なみだ》ぐみ号泣する子どももいます。そして、ほと

赤ちゃんが生まれてよかったという思いのあふれる一枚

んどの子どもは赤ちゃんかわいい、かわいいと口にし、赤ちゃんにふれようとするのです。産後の部屋は、無事に生まれた安堵感《あんどかん》と感謝の思いと赤ちゃんの泣き声に包まれています。

子どもたちが、赤ちゃんを家族の一人として受け入れ家族の絆《きずな》を深めていけるようにサポートは不可欠です。そして同時に、子どもの内面や気持ちの変化を理解すること、子どもを立ち会わせることで生じる母親自身のとまどいや不安を軽減させることは、家族立ち会いのお産をより楽しく充《じゅう》実《じつ》したものへとさせるのです。上の写真は、自宅分娩《ぶんべん》に立ち会った小学2年生の女の子の絵です。家族全員の顔が描《えが》かれており、みんなが笑顔《えがお》で喜びに満ち溢《あふ》れています。ママと赤ちゃんを中心とした家族の絆《きずな》が描《えが》かれているのです。

（助産院バースあおば　柳澤初美《やなぎさわはつみ》）

「生」「生殖」と「死」は結びついている

I was born

詩人の吉野弘《よしのひろし》さんの作品に「I was born」という詩があります。一部を引用します。

――やっぱり　I was born なんだね――
父は怪訝《けげん》そうに僕《ぼく》の顔をのぞきこんだ。僕《ぼく》は繰《く》り返した。
――I was born さ。受身形だよ。正しく言うと人間は生まれさせられるんだ。自分の意志ではないんだね――

みなさん一人ひとりは、自分の意志を持って生まれてきてはいません。この詩のように、「生まれさせられる」、すなわち受動態なのです。みなさんはどこから来たのでしょう？　そんな疑問をもったことはありませんか？

お父さん、お母さんから生まれ、お父さんとお母さんの親はおじいさんとおばあさんで……というように先祖をたどっていくと、共通の祖先は約15万年前にアフリカに住んでいたと考えられています。これは現生人類、ホモ・サピエンスの細胞《さいぼう》の中にある母親由来のミトコンドリアをたどっていってわかったことだそうです。みなさんの誰一人《だれひとり》、この命の連鎖《れんさ》の外にいる人はいません。太古の時代から引き継《つ》がれているということが科学で証明されています。

広大な宇宙の中で生まれた地球

生命の歴史をひもといていくと、宇宙の歴史へとたどりつきます。理科の科目ですでに習っていることだとは思いますが、ざっとおさらいしてみましょう。138億年前にビッグバンが起きて、宇宙ができ、その広大な宇宙の中で、約46億年前に原始地球が生まれ、45億年前に天体が衝突《しょうとつ》し月が分離《ぶんり》しました。41億年前に、地殻《ちかく》がほぼ固まって陸と海が生まれ、40億年前にその原始の海の中で生命の素材となるたんぱく質や核酸《かくさん》が生まれ、39億年前に最初の原始生命が生まれました。

22億年前に細胞《さいぼう》に核《かく》をもつ真核生物《しんかくせいぶつ》が登場し、12億年前に多細胞《たさいぼう》生物が出現します。6億年前にオゾン層が形成され有害な紫外線《しがいせん》がさえぎられるようになり、大型多細胞《たさいぼう》生物が

出現し、骨格をもつ動物も現れ始めます。このころをカンブリア紀と言い、生物が爆発的《ばくはってき》な多様化を始め、魚類も出現します。

５億年前〜４億年前、植物が陸に上がり、魚類から両生類が分かれ陸に上がり、両生類から爬《は》虫類《ちゅうるい》が分化し、さらに多様化します。３億年前から恐竜《きょうりゅう》時代が始まり、最古の哺乳類《ほにゅうるい》も出現しています。１億年前には恐竜《きょうりゅう》の全盛期《ぜんせいき》を迎《むか》えますが、巨大隕石《きょだいいんせき》の地球衝突《しょうとつ》で絶滅し、ほかの生物も大量絶滅し、生き延《の》びた哺乳類《ほにゅうるい》から原始霊長《れいちょう》類《るい》が登場します。７００万年前には類人猿《るいじんえん》から分かれた猿人《えんじん》が登場し、20万年前に現生人類がアフリカで誕生《たんじょう》し、10万年前には世界に拡散していったと言われています。そして、現在、地球上には73億人の現生人類、すなわちみなさんホモ・サピエンスがいるというわけです。

性の誕生《たんじょう》

「性」とは、男性、女性を意味することが多いのですが、生物学では性とは「遺伝子情報(ゲノム)」が混ざり合うことを言います。この遺伝子情報が混合することなしに、つぎの世代をつくることを「無性生殖《せいしょく》」といい、遺伝情報、DNAはコピーのような方法で増えていきます。みなさんの体をつくっている細胞《さいぼう》、たとえば皮膚《ひふ》や爪《つめ》などが増えていくことを想像してみてください。それに対して、遺伝情報の混合を伴《ともな》って、つぎの世代をつくる生殖《せいしょく》を「有性生殖《せいしょく》」と言います。母親の卵子と父親の精子が出合い混ざり合うのが、この方法です。この場合は、母親側、父親側の遺伝情報は混ざり合い、減数分裂《ぶんれつ》(混ぜ合わせた染色体を正確に半分にする)を行い、組み換《か》えが起きます。動物界全体を見ると、生《せい》殖《しょく》にはさまざまあります。有性生殖《せいしょく》のなかでも、雄雌《おすめす》が環境《かんきょう》の変化によって変わる生き物もいます。また、環境《かんきょう》の変化によって無性生殖《せいしょく》と有性生殖《せいしょく》を切り替《か》えていく生物種もいます。つまり、雄《おす》に生まれても途中《とちゅう》で雌《めす》になることもあります。

無性生殖《せいしょく》と有性生殖《せいしょく》を比較《ひかく》すると、前者は生殖《せいしょく》にかかるエネルギーは少なく簡単に子孫が増やせます。しかし、同じもののコピーなので、環境《かんきょう》の変化に適応できずに死んでしまうこともあります。後者は、相手を探すこと、減数分裂《ぶんれつ》を行うことに高いエネルギーを必要とします。その代わり、遺伝的多様性が高く、環境《かんきょう》への適応に有利となり、種の維持《いじ》や多様性を獲得《かくとく》してきました。その代償《だいしょう》として、有性生殖《せいしょく》の生物の細胞分裂《さいぼうぶんれつ》は有限となり、個体としては必ず寿命《じゅみょう》があり、死を迎《むか》えることになりました。つまり、生物は有性生殖《せいしょく》により、親とは遺伝子の異なる子どもをつくり、個体は死んでいく道を歩んできたわけです。「性」と「生殖《せいしょく》」、そして「死」はこのようにコインの裏表のように結びついているのですね。

もうひとつ、性に関連する人類の特徴《とくちょう》があります。現生人類は、約120万年前に体毛を失い、20万年前に言語によるコミュニケーション手段を使うようになったと考えられています。この間、さまざまなスキンシップが、コミュニケーションや学習の手段として発達してきたらしいのです。

「裸《はだか》のサル」ともいわれる人間です。人間の皮膚《ひふ》は、感覚器としても非常に敏感《びんかん》であり、情報伝達物質も放出させ、意識、つまり心の働きにも作用することがわかってきました。そのため、人間同士の親密な関係維持《いじ》には不可欠ですし、特に性的な接触《せっしょく》は心地よいものです。そしてまた一方で、望まない接触《せっしょく》は心に深い傷をつくる「悪」ともなりえるわけです。皮膚《ひふ》は、もうひとつの脳なのです。

（茨城県立医療大学《いばらきけんりついりょうだいがく》　加納尚美《かのうなおみ》）

人が誕生するまでの流れ

産婦人科医が伝えたい大切な「性と生」

中学生・高校生は「大人になる」ための準備期間

1章で少し紹介《しょうかい》したように、中学生の少し前から思春期が始まります。それは性ホルモンの刺激《しげき》により体に激変《げきへん》が起こるのです。個人差がかなり大きいですが、男子、女子とも、大人になるための、つまり妊娠《にんしん》という新しい生命を生み出す体の準備が始まっているのです。

でも、だからといって中学生や高校生が妊娠《にんしん》し、子どもを産み育てることは現代社会でもとても難しいことは理解できますよね。大人になるには、いろいろなことを勉強して、仕事もして、自立しなければなりません。だからこそ、男子、女子ともにおたがいの体の仕組みをよく知り、性に関する知識や態度、行動、そして性の病気について知って、理解し、生き方を考えておく必要があります。

6億分の1の奇跡《きせき》

生命の誕生《たんじょう》は、確率的には日本の総理大臣になるよりも難しいと言われます。男女が愛し合い、セックスに至った時に、1回の射精で1億から6億（平均3億）の精子が出され、精子たちは女性の生殖器《せいしょくき》に入っていきます。そして、入り口から卵管膨大部《らんかんぼうだいぶ》までにたどり着かないと、卵子には出合えません。また、小さな精子にとってこの距離《きょり》はトライアスロンよりも遥《はる》かに過酷《かこく》なレースです。卵子は毎月1〜2個しか卵巣から出てきません。精子の寿命《じゅみょう》は3〜5日間、卵子の寿命は約24時間で、いい状態で受精できるのは6時間くらいと言われます。つまり1億〜6億分の1の確率で出合うわけです。

精子と卵子が出合うと、受精卵となります。受精卵がすべて妊娠《にんしん》に至る、つまり女性の子宮内膜《ないまく》表面に着床《ちゃくしょう》（76ページを参照）して胎盤《たいばん》をつくり、胎児《たいじ》が成長するというわけではありません。図表1は、妊娠《にんしん》の仕組みと確率を紹介したものです。私たちの生命の存在は、このような途方《とほう》もない確率の中で、親の愛が「性」を通じて生み出された「奇跡《きせき》」だということがわかるでしょう。

人間の妊娠《にんしん》期間は平均266日で、十月十日《とつきとおか》ともいいます。わかりやすく数えると女性

図表1 妊娠の仕組みと確率

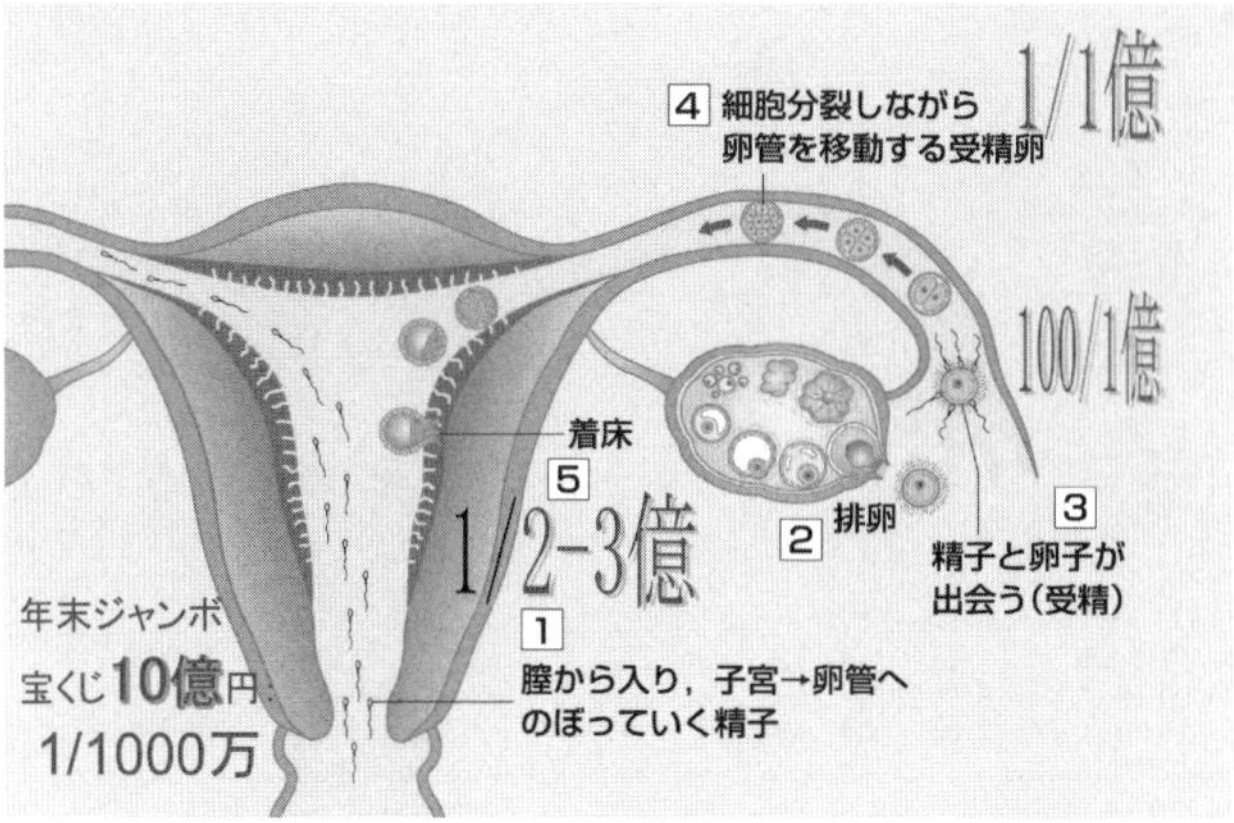

の最終月経の初日を妊娠《にんしん》0日として数え、赤ちゃんが生まれる日（出産予定日）を280日目とします。たとえば、最終月経の初日が3月17日とすると出産予定日は12月22日になります。妊娠《にんしん》期間の数え方を図表2に示しました。なお、動物によって妊娠《にんしん》期間は違《ちが》います。身近なネコやイヌでいえば、2カ月と数日、人間にいちばん遺伝子が近いとされているチンパンジーであれば230日くらいです。

生命の始まりから誕生《たんじょう》のプロセス

それでは、図表2のカレンダーに従って、生命の始まりから誕生《たんじょう》のプロセスを見てみましょう。

4月1日に精子と卵子は出合い、受精しました。妊娠《にんしん》2週です。30時間後に細胞分裂《さいぼうぶんれつ》が

図表2－1 妊娠経過の流れ（初期）

<table>
<tr><td colspan="12">初期</td><td></td></tr>
<tr><td>15</td><td>14</td><td>13</td><td>12</td><td>11</td><td>10</td><td>9</td><td>8</td><td>7</td><td>6</td><td>5</td><td>4</td><td>週</td></tr>
<tr><td colspan="4">第４月</td><td colspan="4">第３月</td><td colspan="4">第２月</td><td>月</td></tr>
<tr><td colspan="4"></td><td colspan="4"></td><td colspan="4">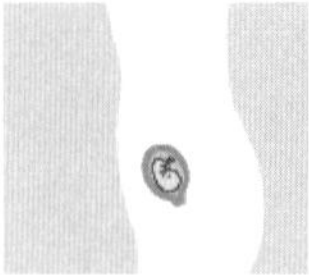</td><td>赤ちゃんの大きさ</td></tr>
<tr><td colspan="4">約15cm</td><td colspan="4">約８～９cm</td><td colspan="4">約２～３cm</td><td>身長</td></tr>
<tr><td colspan="4">約110g</td><td colspan="4">約30g</td><td colspan="4">約４g</td><td>体重</td></tr>
<tr><td colspan="4">・内臓がほぼ完成する。
・全身が産毛でおおわれ、髪の毛も生え始める。
・羊水の中を自由に動き回っている。
・皮膚が厚くなり、不透明になる。
・胎盤が完成しつつ、安全期へと落ち着く。</td><td colspan="4">・頭はかなり大きく２等身だが人間らしい姿になって、胎児と呼ばれる
・皮膚は薄く、透ける。
・11週ごろには手足が伸び、３等身くらいになる。
・ドップラーの機械で心音が聞こえる。
・外陰部ができあがり、性別がつくようになる。</td><td colspan="4">・４週ごろから体ができ始め、胎芽と呼ばれる。
・７週ごろになると頭、胴体、手足の区別がつくようになる。
・目や耳、口が現れ始める。
・心臓がつくられ、拍動を開始するようになる。
・胃、肝臓、腸などの内臓器官ができ始める。</td><td>赤ちゃんのようす</td></tr>
<tr><td colspan="4">・自分でもお腹のふくらみがわかるようになる。
・14週ごろになると基礎体温が下がってくる。
・ほとんどの人がつわりが治まる。</td><td colspan="4">・つわりがひどくなる人が多い。
・乳白色のおりものが増えてくる。
・子宮が大きくなって圧迫するので尿の回数が増えたり、便秘や下痢ぎみになることもある。</td><td colspan="4">・基礎体温は高温期のままの状態。
・乳房が張ったり、乳首が色づいて敏感になる。
・５週前後からつわりが始まる人もいる。
・下腹部が張ったり、腰が痛んだり、尿の回数が増える。</td><td>お母さんのようす</td></tr>
</table>

図表2－2 妊娠経過の流れ（中期）

<table>
<tr><th colspan="12">中期</th></tr>
<tr><td>27</td><td>26</td><td>25</td><td>24</td><td>23</td><td>22</td><td>21</td><td>20</td><td>19</td><td>18</td><td>17</td><td>16</td></tr>
<tr><td colspan="4">第７月</td><td colspan="4">第６月</td><td colspan="4">第５月</td></tr>
<tr><td colspan="4">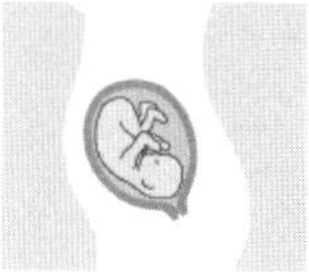</td><td colspan="4">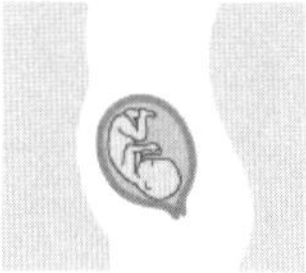</td><td colspan="4">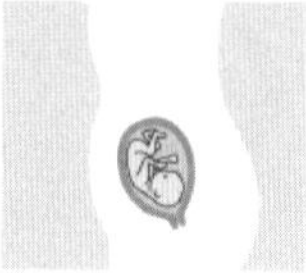</td></tr>
<tr><td colspan="4">約35cm</td><td colspan="4">約30cm</td><td colspan="4">約24cm</td></tr>
<tr><td colspan="4">約1000g</td><td colspan="4">約600g</td><td colspan="4">約240g</td></tr>
<tr><td colspan="4">・皮膚は赤みを帯びてくる。
・27週ごろになると、味覚が発達し、甘みや苦みがわかってくる。
・鼻や耳、口などの目鼻立ちがはっきりしてくる。
・口を開けたり閉じたりする。</td><td colspan="4">・23週ごろになると眉毛やまつ毛が生えてくる。
・骨格がしっかりしてきて、頭蓋骨、脊髄、肋骨等がはっきりしてくる。
・羊水を飲んでおしっこをするなど、排泄機能も発達する。</td><td colspan="4">・爪が生え始める。
・皮下脂肪がつき始める。
・19週ごろになると専用の聴診器で心音が聞こえる。
・動きが活発になり、お母さんはその動きを「胎動」として感じるようになる。</td></tr>
<tr><td colspan="4">・お腹が突き出るので、反り返った姿勢になる。
・足や外陰部に静脈瘤ができたり、便秘や痔になる人もいる。</td><td colspan="4">・おりものがさらに多くなり、膀胱が圧迫されるため、尿の回数が増える。
・食欲が出て体重が増えやすい時期。
・ほとんどの人が胎動を感じる。</td><td colspan="4">・乳腺が発達して乳房が大きくなり乳頭の色も変化する。
・黄色い乳汁が出ることもある。
・つわりが終わり食欲が出て体重が増える。
・血液量、羊水量が増えてくる。</td></tr>
</table>

図表 2－3 妊娠経過の流れ（後期）

<table>
<tr><td colspan="7">分娩予定日</td><td colspan="8">後期</td></tr>
<tr><td>42</td><td>41</td><td>40</td><td>39</td><td>38</td><td>37</td><td>36</td><td>35</td><td>34</td><td>33</td><td>32</td><td>31</td><td>30</td><td>29</td><td>28</td></tr>
<tr><td colspan="3"></td><td colspan="4">第10月</td><td colspan="4">第 9 月</td><td colspan="4">第 8 月</td></tr>
<tr><td colspan="3"></td><td colspan="4">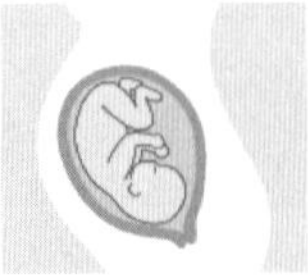</td><td colspan="4">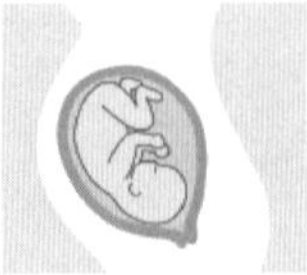</td><td colspan="4">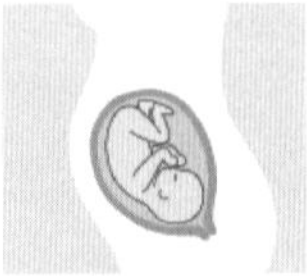</td></tr>
<tr><td colspan="3"></td><td colspan="4">約48～50cm</td><td colspan="4">約46cm</td><td colspan="4">約40cm</td></tr>
<tr><td colspan="3"></td><td colspan="4">約3000～3200g</td><td colspan="4">約2300g</td><td colspan="4">約1500g</td></tr>
<tr><td colspan="3"></td><td colspan="4">・39週ごろになると皮下脂肪が全体につき、丸みを帯びた体形になる。
・手足の筋肉が発達し、内臓機能や神経系の動きも成熟する。
・歯ぐきが盛り上がってくる。
・頭が母体の骨盤内に下りてくる。</td><td colspan="4">・35週ごろになると、皮下脂肪が増えてふっくらし、皮膚にも張りが出てくる。
・産毛が消えていく。
・顔のしわが少なくなり、皮膚もピンク色になる。</td><td colspan="4">・骨格がほとんど完成。筋肉や神経の動きも活発になってくる。
・聴覚も発達して、外の大きな音に反応することもある。
・体が大きくなって動きにくくなり、頭を下にした状態で、子宮の中での位置が定まってくる。</td></tr>
<tr><td colspan="3">・胎盤機能が低下することがある。</td><td colspan="4">・子宮が徐々に下がり、胃への圧迫感が少なくなり、食欲が出てくる。
・お腹が張りやすくなり、「前駆陣痛」と呼ばれる子宮収縮が起こることもある。</td><td colspan="4">・胃が子宮に圧迫されるため、胸やけや食事がすすまなかったりする。
・膀胱が圧迫されトイレに頻繁に行きたくなる。
・子宮口が少しずつ柔らかくなる。</td><td colspan="4">・妊娠線が現れやすい時期。子宮がみぞおちくらいまで高くなるので、内臓が圧迫され、胸やけ、息切れ、疲れ、動悸を感じることも多くなる。</td></tr>
</table>

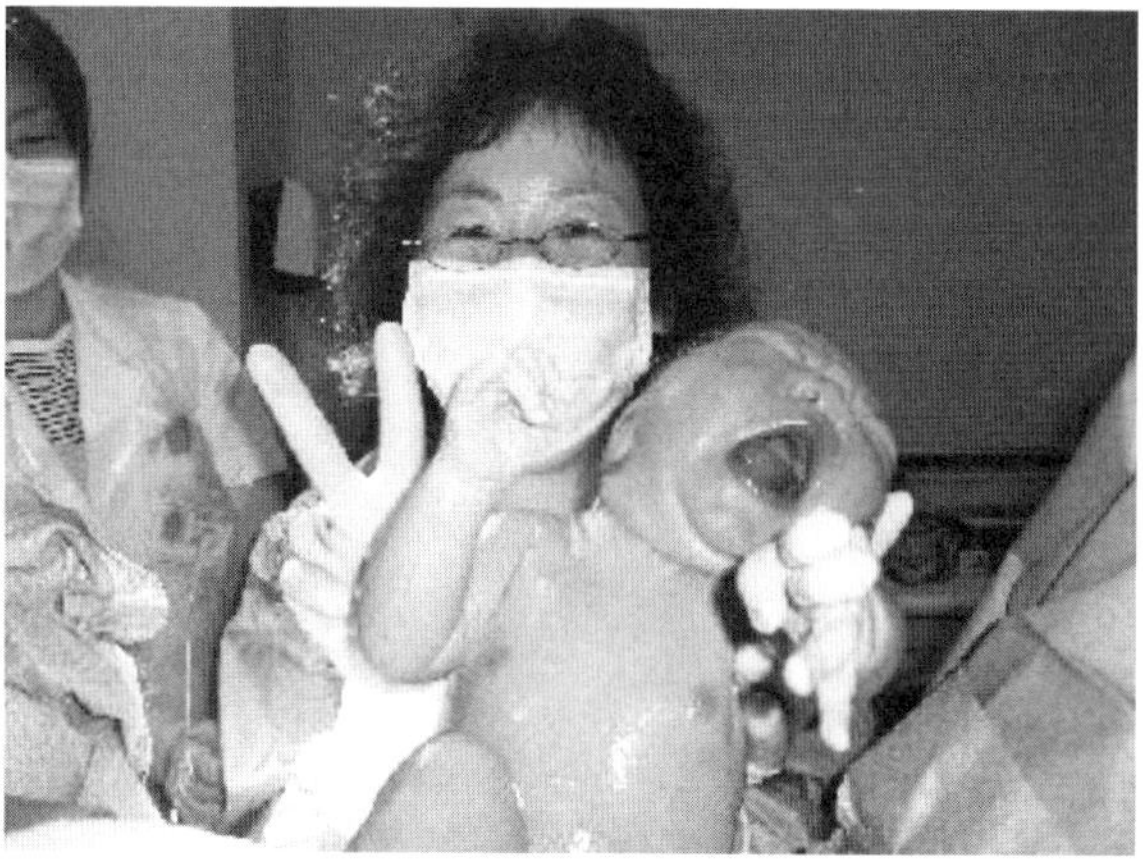

出産の瞬間。取り上げた助産師と

始まります。５月１日には心臓の鼓動《こどう》が始まります。妊娠《にんしん》６週です。この時期は胎芽《たいが》と呼ばれます。６月１日には何もかもそろい、その姿は生まれてくる赤ちゃんとほとんど変わりません。妊娠《にんしん》10週です。

７月１日にはいろいろなことができるようになっています。妊娠《にんしん》14週です。９月１日には体重は５００グラムとなり、活発に運動するようになります。妊娠《にんしん》22週になると、現在の医療《いりょう》の補助があると胎外《たいがい》生存が可能になる時期とされており、法律で定められている人工妊娠中絶《じんこうにんしんちゅうぜつ》はできなくなります。

12月22日ごろ、陣痛《じんつう》といって胎児《たいじ》が入っている子宮が周期的に収縮し、胎児《たいじ》を外に押《お》し出そうとします。そしていよいよ誕生《たんじょう》となります。

（龍ケ崎《りゅうがさき》済生会《さいせいかい》病院産婦人科医　陳《ちん》　央仁《おうじん》）

Column

ばあばから、女の子へメッセージ

ひとづくり工房《こうぼう》ゑすこ　浦山絵里《うらやまえり》

最初にみなさんにお伝えしたいのは、ばあばからの「感謝」です。

「みんな、生まれてきてくれて、ありがとう」。私に「ばあば」（おばあさん）という新しい役割をくれたのは、みなさんの存在です。私も最初は私の母の娘《むすめ》として生まれ、ばあばたちの孫として育ちました。時には近所に住むばあばや、通りすがりの見知らぬばあばたちに見守られたり、時には意見されたりして生きてきたことを思い出します。

　そう、みなさんの存在は、産声《うぶごえ》を上げるその前から、すでに多くの人びとに見守られ、そして一人ひとりがかけがえのないひとつの命として生まれてきたのです。ただそこにいるだけで、たくさんの人に笑顔《えがお》を与《あた》える存在なのです。誕生《たんじょう》の時から、大きな幸せを周囲に運んできてくれていたのだということを、ぜひ覚えておいてください。今はそれを素直に感じ取れない人もいるかもしれないけれど、きっと、時間がたってその役割が回ってきた時、同じような感情を抱《いだ》くことができるはずです。

　そしてこれからの人生では、思いもかけないいろいろなことがあるでしょう。その時々をほんの少しだけおもしろがり、何がそう思わせるのだろう？と「考える」人になってください。

　現在、３人の孫をもつ私は、今までたくさんの選《せん》択《たく》と決定を重ねてきました。看護師をめざし、高校卒業の時に実家を離《はな》れて一人《ひとり》暮《ぐ》らしをしたのは、大きな決断でした。はじめての一人《ひとり》暮《ぐ》らしにわくわくしつつ、知らない土地での心細さも同じくらいありました。

　みなさんもこれからの人生の中で、受験や就職、恋愛《れんあい》や結婚《けっこん》といった人生の大きな決断があるでしょう。時には男なんだからとか、女のくせにと言われたり、時には常識的ではないと非難されることもあるかもしれません。どんな時も、まわりの意見に流されるだけではなく、自分でたくさん考えてください。時には間違《まちが》った選択《せんたく》をしてしまうこともあるかもしれませんが、自分でよく考えて選択《せんたく》したことであればそのことを自身で受け止められます。考えることを誰《だれ》かに委《ゆだ》ねてしまうと、不本意な結果になってしまった時にその決定を委《ゆだ》ねた誰《だれ》かを恨《うら》むことになってしまいます。わからないことや、自分でも驚くようなことが起こったとしても、どうぞそこにとどまり、考えることを放棄《ほうき》しないで、できれば周辺にいる人と対話を重ねながら、「考える人」になってください。

大人になると、なんでも頭でわかったような気持ちになることもあります。まずは、自分の体のサインを大切にしてください。大人になる変化を、体は何よりも正直に反応してくれます。時には体の変化に気持ちがついていかなくて、自分の体が気持ち悪く思えたり、受け入れられないこともあるかもしれません。恋愛《れんあい》に興味がなく恋話《こいばな》に入れないことを、自分だけおかしいのかな?　と悩《なや》んだり、異性より同性のほうが好きになることだってあるかもしれません。それはすべて、個性であり、おかしいことではありません。そうは言っても、自分だけなぜなんだろうと孤独感《こどくかん》に陥《おちい》ることもあるかもしれません。

そんな時は、まず今もっている緊張《きんちょう》を素直に感じ取ってみましょう。それから、自分がありたい姿を素直な言葉にしてみましょう。自分の体や感覚は、何より自分自身のことを教えてくれるのです。

みなさんは、これからたくさんの人たちとかかわり、その中でいろいろなことを学ぶことと思います。すぐに自分のことを否定するのではなく、その時、自分の中で起きる「体」と「心」の反応を、感じてみる時間を少しだけとってみてください。何か迷うことがあった時、体、心、そして思考、この順番に自分と対話を重ねてみてください。あなたは自分のことを自分で決める力をもっています。自分の考える力を十分に使ってください。

最後まで、ばあばの話を聞いてくれてありがとう。あなたらしい、幸せな未来を願っています。

3章

思春期の扉

大人と子どもの「境」

私たちの命は奇跡であり唯一無二の存在

性の成熟

大人になるために、私たちはたくさんのことを経験し、学んでいきます。この大人と子どもの「境」って何でしょうか？　そのひとつが性の成熟なのです。３章では、思春期*の扉《とびら》が開き大人になっていくために知っておきたいことを、いくつかの視点で考えてみましょう。

みなさん、さまざまな事情で育ての親が違《ちが》うこともあるかもしれませんが、必ず生物学的な父親、母親がいて誕生《たんじょう》します。命の誕生《たんじょう》、つまり「生殖《せいしょく》」の役割を果たせるようになることが、身体的な意味での大人になることと言えますね。

ほかの動物は、生殖《せいしょく》機能が働き出すイコール大人、です。人間にいちばん近いとされ

＊**思春期**　思春期は、第二次性徴（乳房発育など）が出現し始めてから、性機能が完成（規則的な月経周期が確立）するまでの時期を指すと定義されています。おおむね８～９歳（乳房発育）から17～18歳ごろまでとされています（岡井崇・綾部琢哉編著『標準産婦人科学』医学書院刊より）。

るチンパンジーが子どもを妊娠《にんしん》して出産できるようになるのは10歳《さい》くらいです。人間は、個人差はありますが、男女とも十代半ばから妊娠《にんしん》と出産が可能となります。

しかし、日本《にほん》の法律にある児童福祉法《じどうふくしほう》では18歳《さい》未満が子どもです（選挙権は最近18歳《さい》からになりましたね）。お酒やタバコは20歳《さい》からです。結婚《けっこん》できるのは、男性が18歳《さい》、女性が16歳《さい》です。２０２２年から、民法改正により女性の年齢《ねんれい》も同じ18歳《さい》になることが決まっています。このかたちになったのは、１９４７（昭和22）年の民法改正後のこと。みなさんの祖父母のご両親くらいのころのこと。そのころから変わっていないのです。当時はこのくらいの年齢《ねんれい》で結婚《けっこん》する人が多かったのですね。でも、最近の平均結婚年齢《けっこんねんれい》は男女とも30歳《さい》前後になっています。

生殖《せいしょく》には、「性」が深くかかわってきます。そう、大人になるためには、性について知らなければなりません。十代は、子どもから大人になるために心と体の一大変化が連続する時期なのです。たとえば、春になると優雅《ゆうが》に花に集まる蝶《ちょう》は、幼虫を経て成虫になります。成虫になると生殖《せいしょく》が可能です。人では大人になるための、その時期を思春期と言います。

現代社会では、人の妊娠《にんしん》のプロセスが解明され、避妊《ひにん》方法も各種確立しています。生《せい》殖《しょく》補助医療《いりょう》技術の発達はめざましく、人の遺伝子のゲノム解析《かいせき》が進み、命がコントロールされているように感じることもあります。でも、今、存在する私たちを誰《だれ》かがすべてデザインし、設計し、コントロールすることはありませんし、それは不可能です。

なぜなら、みなさんの命は壮大《そうだい》な宇宙の歴史の中で生まれてきているからです。ゲノム解析《かいせき》でわかることは、あくまでも料理でいえば材料のこと。その先にはさまざまなプロセスがあって、みなさんは存在しています。

性のめざめ

ある日、突然《とつぜん》、その人に会うと、ドキドキしたり、妙《みょう》に意識したり……このような気持ちになることは「初恋」と言われています。体が少しずつ大人に近づく小学校高学年以降に経験することが多いです。とても大切なことですが、勉強も何も手につかなくなることもあるかもしれません。

このくらいの年齢《ねんれい》から体が急激《きゅうげき》に変化します。もちろん個人差はありますが、男女とも身長が急に伸《の》びて、脇《わき》の下や性器のまわりに性毛が生えてきます。女子は胸がふくらみ、月経が始まり、男子は性器が大きくなり、朝起きたら精液が出ることもあります。こうした変化は、生まれもっていた性のシステムがホルモン分泌《ぶんぴつ》によって活動開始した印です（図表3参照）。一般《いっぱん》に、思春期と呼ばれています。

図表3 主な内分泌腺

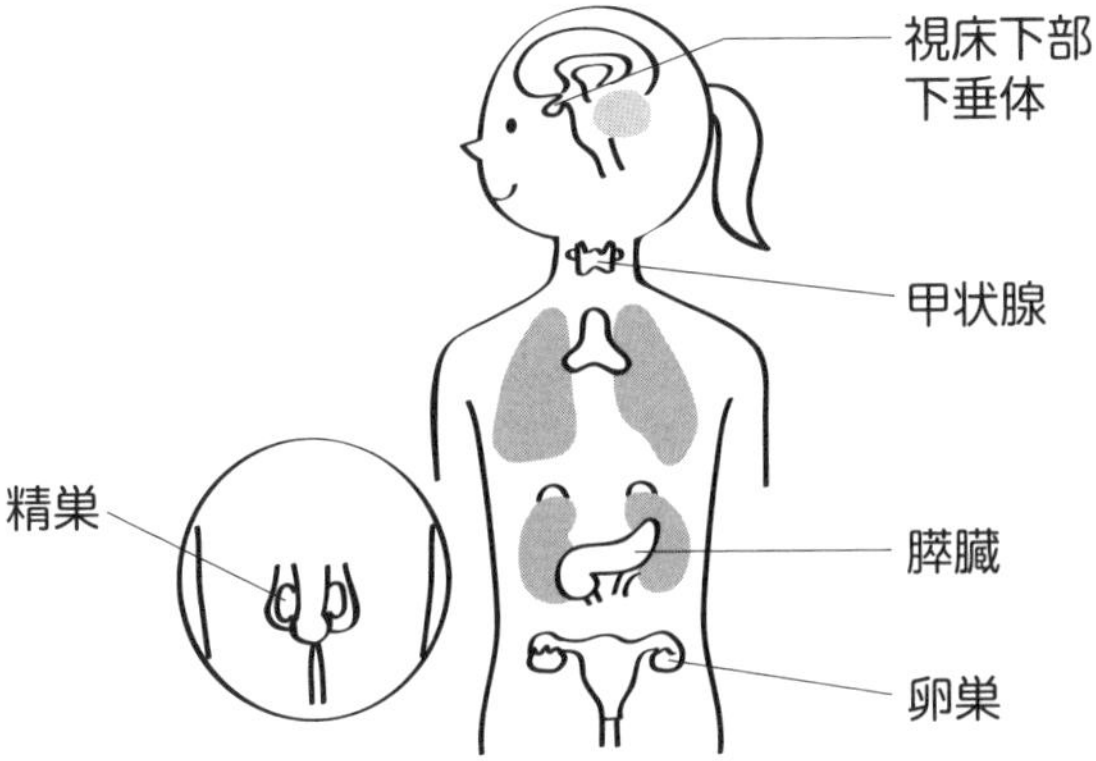

思春期は心身ともに激動《げきどう》の時で、大人になる大切なプロセスです。子どもと大人の違《ちが》いにはいろいろありますが、大きなことのひとつは、つぎの世代を産み出すこと。これを生殖《せいしょく》といい、その能力を生殖《せいしょく》機能といいます。大人になるとは、生《せい》殖《しょく》機能が完成して、次世代を養い育てる役割を担えること、とも言えますね。そのさいに体の、性に関する器官と機能は大きく変化します。そして、社会生活の中では、性は生殖《せいしょく》のみならず、さまざまな意義をもち、性に関する行動には価値やルール、法律があります。だからこそ、心と体に生じる変化の理由を知っておくと、思春期の海を泳ぎ出す時、役に立ちます。

人の誕生《たんじょう》と性の決定

「思春期」の海に船を出す前に、人の誕生《たんじょう》のプロセスから見てみましょう。

まず、女性のもっている卵子と男性がもっている精子が結合し、受精卵となります。受精卵は速やかに分割し、着床《ちゃくしょう》といって、母親の子宮内膜《ないまく》に沈《しず》み込《こ》みます。この状態を妊娠《にんしん》といいます。その後、着床《ちゃくしょう》部分に胎盤《たいばん》を形成します。胎盤《たいばん》を通じて、母親から栄養をもらいガス交換《こうかん》をしながら、体の各器官が形成されていき、胎児《たいじ》として成長し、約40週を過ごして、平均3キログラムの赤ちゃんとして誕生《たんじょう》します。

つぎに、図表4を参考に、人の性の決定から成長を段階的に見てみましょう。

1. 遺伝的に性が決定

第1の段階では、遺伝的に性が決定します。それは受精の時に決まります。精子（成熟した雄性《ゆうせい》の生殖細胞《せいしょくさいぼう》のひとつ）と卵子（雌性《しせい》生殖細胞《せいしょくさいぼう》）は新たに一人の人間をつくるための遺伝物質を含《ふく》む「性染色体」を、ちょうど半分ずつもっています。つまり、母親と父親から半分ずつ遺伝子をもらうのです。卵子はX染色体のみをもっていますが、精子にはX染色体をもつものと、Y染色体をもつものと2種類あります。そのため、男性になるか女性になるかは精子のもつ性染色体によって決まります。

2. 生殖腺《せいしょくせん》の形成

第2の段階では、生殖腺といって、女性ならば卵巣（卵子をつくりホルモンを分泌《ぶんぴつ》する

図表4 胎児の性器の分化

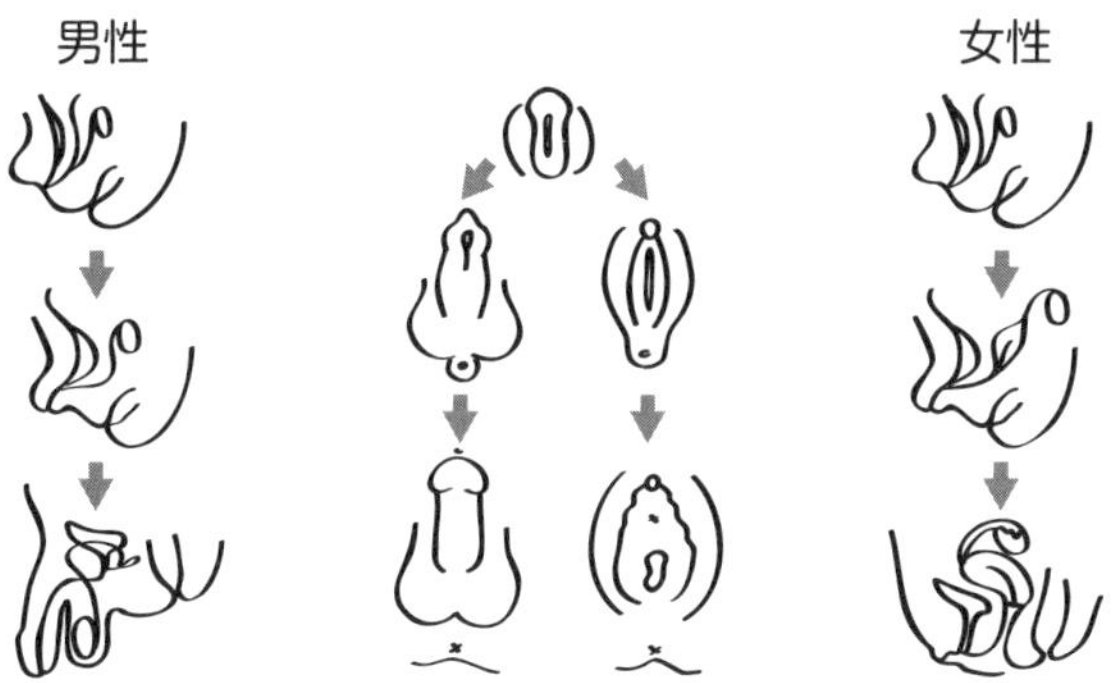

器官）、男性ならば精巣（睾丸《こうがん》ともいい、精子をつくりホルモンを分泌《ぶんぴつ》する器官）ができます。大変おもしろいことに、胎生《たいせい》（受精した週を0週と数えます）6週くらいまでは男女ともまったく同じ形をしており、「生殖腺《せいしょくせん》原基」と呼ばれています。これより後は、Y染色体をもつ精子の受精卵からのみ、男性型の生殖《せいしょく》腺《せん》に分化していきます。つまり、哺乳類《ほにゅうるい》の原型は女性なのです。

もう少しくわしくいうとY染色体上にある精巣決定因子（SRY遺伝子：sex-determining region Y）が引き金となり男性型になっていきます。SRY遺伝子がない生殖腺《せいしょくせん》は女性型になっていきます。

卵巣では、なんと女性の一生分に当たる卵子のもとになる細胞《さいぼう》の増殖《ぞうしょく》と成熟が始まり、生まれるまでには200万個ぐらいになっています。

3. 生殖器《せいしょくき》の形成

第3の段階は、体の内部と外部の生殖器《せいしょくき》の性差ができる段階です。内部の生殖器《せいしょくき》には、女性ならば子宮など、男性ならば輸精管（精子を運ぶ管）などがあります（図表5と図表6参照）。外部の生殖器《せいしょくき》とは、女性では外陰部《がいいんぶ》、男性では陰茎《いんけい》（ペニス、おちんちんとも呼ばれていますね）、精巣（睾丸《こうがん》）です。内外の生殖器《せいしょくき》とも、男性の場合は精巣から出される男性ホルモン（アンドロゲン）の作用によって男性化が進みます。女性の場合は男性ホルモンの影響《えいきょう》を受けないため女性化に進みます。ホルモンによる情報伝達には、ホルモンをつくる細胞《さいぼう》とそれを受け取る受容体をもつ細胞《さいぼう》が必要で、双方《そうほう》の分泌《ぶんぴつ》や受け取りがうまくいかない場合もあります。

　こうして、生まれてすぐに男女の生殖腺《せいしょくせん》と生殖器《せいしょくき》の違《ちが》いがわかる特徴《とくちょう》を「第一次性徴《せいちょう》」といいます。

図表5 女性性器の仕組み

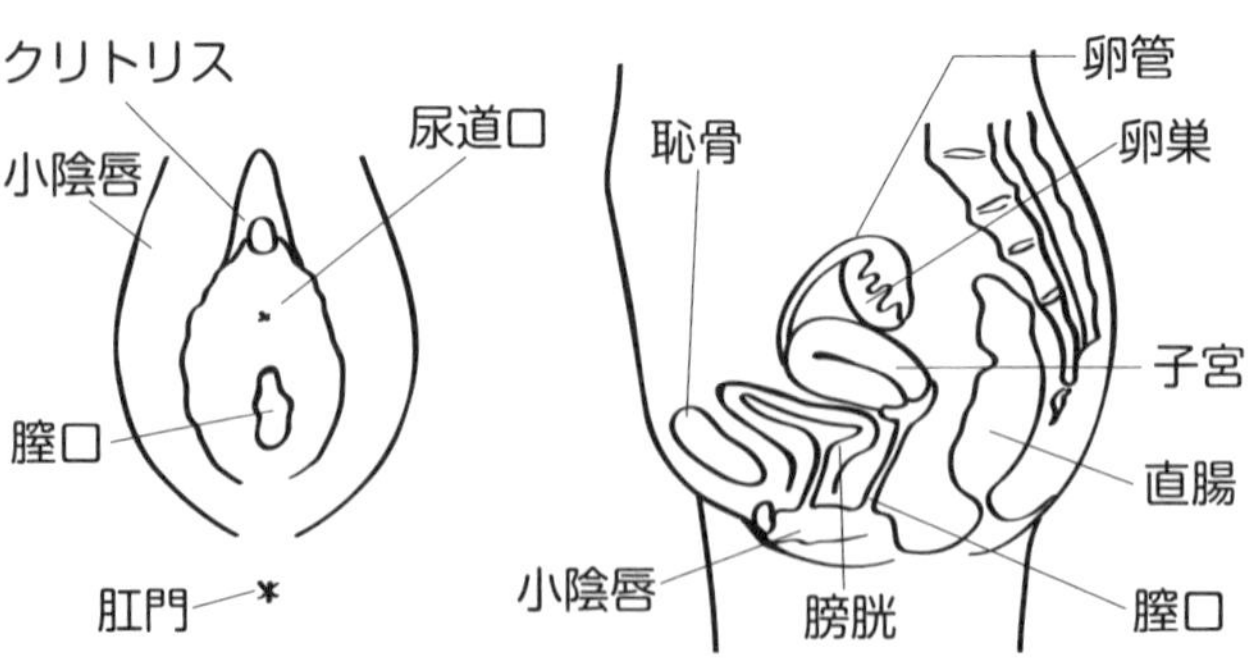

4. 脳の性分化

第4の段階では、脳の性分化が起こります。男性の胎《たい》児《じ》では胎生《たいせい》16週ごろをピークに男性ホルモンが分泌《ぶんぴつ》され、脳内にも取り込《こ》まれ脳の男性化を促進《そくしん》します。実際、生後2日から6カ月ごろまで成人男性の約半分の男性ホルモンが血液中（血中濃度《のうど》）にあるそうです。脳の基本は女性で、それを男性ホルモンが男性化させているともいえます。

このような背景のため、人の脳には構造に男女の違《ちが》いが見られる場所があります。たとえば、脳の大きさは男性のほうが大きいですが、脳梁《のうりょう》といって左右の大脳半球をつなぐ部分は女性のほうが太いという点です。機能的にも一般的《いっぱんてき》に女性は左脳における言語能力が高く、男性は右脳における数学や空間認知能力にすぐれているとされており、行動面の違《ちが》いにも表れます。

ホルモンの分泌《ぶんぴつ》パターンでは、女性の場合、思春期を

図表6 男性性器の仕組み

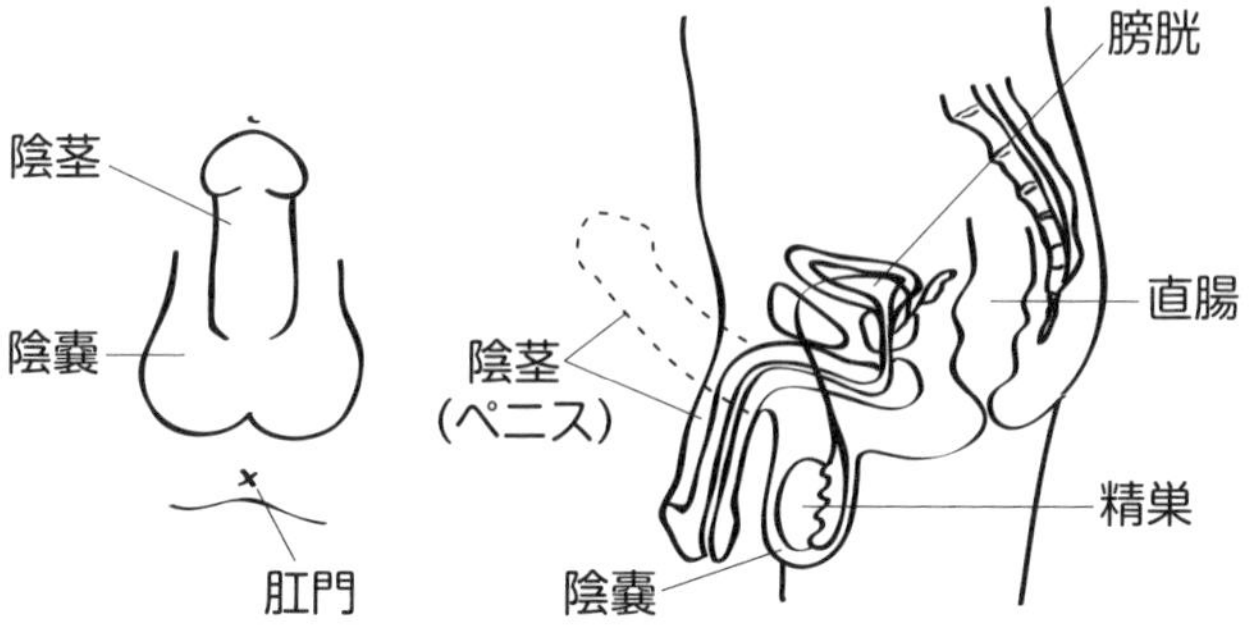

迎《むか》えると、性ホルモンが周期的に分泌《ぶんぴつ》され排卵《はいらん》が起きます。これを月経周期といいます。男性の場合は大人になってもこのような周期はありません。こうしたことが、行動パターンにおいても男女での違《ちが》いとして認められていますが、もちろん個人差や文化の相違《そうい》も関係するので、すべてを男女の脳のせいと決めつけてもいけませんね。

性の境界はあいまいで多様

さて、性が決定される四つの段階を見てきましたが、これらのプロセスにはさまざまな影響《えいきょう》因子が絡《から》み合います。それによって、個体差にはかなり多様性があり、境界もあいまいなことが多いのです。

実は生物学的にも、男性と女性と二つにスッキリ分けられないこともあります。性染色体の組み合わせも複数あります。少数派が疾患《しっかん》として分類されることになります。ほとんどの人は、生まれた時の外性器のようすで「性別」が決められ、出生届けに記載《きさい》されていきますが、まれに思春期になって本当は別の性だったことがわかることもあります。また、性同一性障害といって体と心の性が違《ちが》っていることもあります。

このようなプロセスを経て生まれてくる生命はすべて奇跡《きせき》ですし、唯一無二《ゆいいつむに》の大切な存在なのです。

（茨城県立医療大学　加納尚美）

Column

男女で少しずつ違《ちが》う脳の仕組み

筑波《つくば》大学《だいがく》附属《ふぞく》病院
山《さん》海《かい》千《ち》保《ほ》子《こ》

みなさんは好きな人とけんかをした時、「私の気持ちをわかってよ！」（女性）、「言ってくれなきゃわからないだろう！」（男性）といったやりとりを経験したことはありませんか？

２０１７年６月にＮＨＫスペシャルで「ニッポンの家族が非常事態!?　第２集　妻が夫にキレる本当のワケ」が放映されました。キレる原因の多くは「夫が自分を理解してくれない」ことであり、さらに、これは男女の脳の違《ちが》いとホルモンによるものだと番組内で紹介《しょうかい》されていました。この件について男女どちらも言い分があると思いますが、相手を非難するだけでは解決には至りません。

男女の脳の違《ちが》いは、人類が生き残るために必要な能力の差によるものと考えられています。男性は効率よく獲物《えもの》を狩《か》るために素早く行動する能力を必要とし、女性は子どもを育てるために周囲の人たちと協力するコミュニケーション能力を上げる必要があったとされています。

男性が仲間と狩《か》りに行き、獲物《えもの》を見つけた時に必要な情報は何でしょうか。それは自分たちとの距離《きょり》や方向であり、獲物《えもの》が悲しそうな顔で山から走ってきたという情報は必要ありません。よって、男性は相手の感情を察するのが得意ではありません。

アメリカのペンシルバニア大学で「表情読み取りテスト」における、男性と女性の脳の動きを比較《ひかく》したところ、男性の脳はものすごく活発に動いて表情を読み取ろうとしますが、女性の脳はそれほど使わなくても表情を読むことができ、正解率も高いことがわかっています。

ある事例を紹介《しょうかい》しましょう。一組の夫婦がお産のために分娩《ぶんべん》室にいました。妻である女性は「痛いよ〜、痛いよ〜」と自分の腰《こし》をさすっており、夫である男性は椅子《いす》に座ってマンガを読んでいました。

お産のようすを見に来た助産師に、男性が「こんなに痛がって大げさですよね？」と同意を求めたところ、助産師は「男性の急所（おちんちん）に物がぶつかった時と同じぐらい痛いと思います」と答えました。すると男性は「そりゃ大変だ！」と椅子《いす》から立ち上がり、自分の手が真っ赤になっても、女性の腰《こし》や背中を一生懸命《いっしょうけんめい》にさすり、赤ちゃんが産まれるまでサポートをしました。

後日、男性は助産師に「あの時、妻は腰《こし》をさすってほしかったけど、マンガを読んでいる僕《ぼく》に対する怒《いか》りが強すぎて何も言えなかったそうです。マンガを読み続けていたら、今ごろ離婚《りこん》になっていたと思います」と話してくれました。具体的な痛みをイメージすることができたからこそ、男性は「妻の痛みを軽くする」という目標を掲《かか》げ、ただちに行動を開始したのでしょう。

助産師の言動はトラブルを避《さ》けるため「女性の苦しみがわからないのか」と男性を責めるのではなく、男性が痛みをイメージできれば、妻のためにがんばって支援《しえん》するだろうと予測してのことでした。

このように、男女の違《ちが》いは大人のことだけではあ

なぜ私が思っていること
に気がつかないの？
なんで
黙っている
のかな？

りません。思春期になると男女交際をする人がいると思いますが、ひとつの行動に対する反応の違《ちが》いに気付いたことはありませんか？

　たとえば二人でいっしょに歩いている時、女子は「二人で話をしたい。自分のことをわかってほしい」と情緒的《じょうちょてき》な結びつきを望みますが、男子は「手をつなぎたい。キスしたい」など、結論となる行動を起こすことを考えています。

　男女の脳の違《ちが》いのなかでもっとも影響《えいきょう》が大きいとされているのが、右脳と左脳をつなぐ脳梁《のうりょう》の太さです。男性よりも女性のほうが太く、物事を考える時、女性は感情的に、男性は感情よりも理論的に物事を考えます。この違《ちが》いによって二人のあいだのすれ違《ちが》いを生み出すのです。でも、けんかするよりも、おたがいの欠点を補い合い協力したほうが建設的だと思いませんか？

　男女の脳の違《ちが》いを理解するのは一朝一夕《いっちょういっせき》ではできないものですが、意外と興味をそそります。みなさんにはこれから広い世界が待っています。多くの人と得意分野と苦手分野を補い合いながら、何度も協同を重ね、おたがいの違《ちが》いをわかり合える豊かな人生を過ごしてほしいと思います。

訪れる心身の変化

眠っていた大地にスイッチが入ったように春が到来

思春期の大きな変化

男女の体形は、生まれてから思春期までは外性器以外にはほとんど違《ちが》いがありません。ところが、小学校高学年くらいから、心身に大きな変化が起こり、大人に向かいます。男女では少し時期はズレますが、「思春期」と呼ばれている時期の到来《とうらい》です。そう、まるで冬のあいだ眠《ねむ》っていた大地が、スイッチが入ったようにいっせいに植物が芽吹《めぶ》く春到来《はるとうらい》のイメージで名づけられています。

さて、何が体の中で起きているのでしょうか？

つぎのページから、女性、男性とも別々に見てみましょう。

女性の場合

まず女性の場合です。胎児《たいじ》のあいだに卵子のもとがつくられており、袋《ふくろ》に包まれた状態で休眠《きゅうみん》状態となります。個人差はありますが、8歳《さい》から9歳《さい》ごろから、乳房《ちぶさ》がふくらみ、性毛が生え始め、体形がふくよかになります。続いて、身長がぐ〜んと伸《の》びて体重が増えるころ、脳から届くホルモンの指令（下垂体《かすいたい》から出される性腺刺激《せいせんしげき》ホルモン）を受けて、卵巣の中にいた卵子は、毎月1個だけ外へ出ます。入っていた袋《ふくろ》を破って外（腹腔《ふくこう》内）に飛び出し、卵管に入ります。同時に子宮内でも、ホルモンの指令によって、いつでも受精卵を受け入れられるように子宮の内側の内膜《ないまく》が厚くなり、妊娠《にんしん》に備えています。妊娠《にんしん》しない場合、内膜《ないまく》は剝《は》がれていき、膣《ちつ》を通って排出《はいしゅつ》されます。これを月経といいます。これが周期的に生じることを月経周期といいます。

月経が始まることを「初経《しょけい》」、または「初潮《しょちょう》」ともいいますが、年齢《ねんれい》は個人差がありますす。平均的には12歳《さい》前後という調査がありますが、環境《かんきょう》や時代にも影響《えいきょう》されます。明治時代は15歳《さい》前後でした。月経の前に排卵《はいらん》があるので、体全体が大人になろうと準備をしているということは、初経《しょけい》がなくても妊娠《にんしん》する可能性もあるということになります。

乳房《ちぶさ》の発育、性毛（わき毛や陰毛など）の発育、月経の始まりを、「第二次性徴《せいちょう》」と言います。そして、月経周期がほぼ順調になることで、思春期が終わり、身体的には大人の女性になります。もちろん個人差がありますが、17～18歳《さい》くらいです。

女性は閉経《へいけい》といって、平均50～55歳《さい》くらいになると排《はい》卵《らん》されなくなります。生涯《しょうがい》に排卵《はいらん》されるのは400～500個ほどです。男女の第二次性徴《せいちょう》の仕組みは図表7を見てください。

男性の場合

つぎに男性の場合です。体の成長とともに、指令のホルモン（性腺《せいせん》刺激《しげき》ホルモン）が分泌《ぶんぴつ》されます。ホルモンは全身をめぐって精巣（睾丸《こうがん》）に働きかけ、男性ホルモンの分泌《ぶんぴつ》量が増えることによって、男子の思春期は始まります。個人差はありますが、女子より少し遅《おく》れて小学校高学年くらいから筋肉や骨格が発達し、声変わりも始まります。性毛、すね毛も生えてきます。性器も発達し

図表7　第二次性徴が現れる仕組み

女性	男性
思春期になると視床下部から下垂体へ指令が出る。	思春期になると視床下部から下垂体へ指令が出る。
↓	↓
下垂体がホルモンの指令を受ける。	下垂体がホルモンの指令を受ける。
↓	↓
体に変化が起こる。 ・卵巣が卵子を成熟させる。 ・子宮や膣が発達する。 ・乳房や外陰部がふくらむ。 ・わき毛や陰毛が生える。 ・月経が始まる。	体に変化が起こる。 ・精巣が精子をつくり始める。 ・筋肉や骨格が発達する。 ・声変わりが始まる。 ・ひげやわき毛、すね毛、陰毛が生える。 ・精通が始まる。

図表8　中学生までの精通と初経の推移

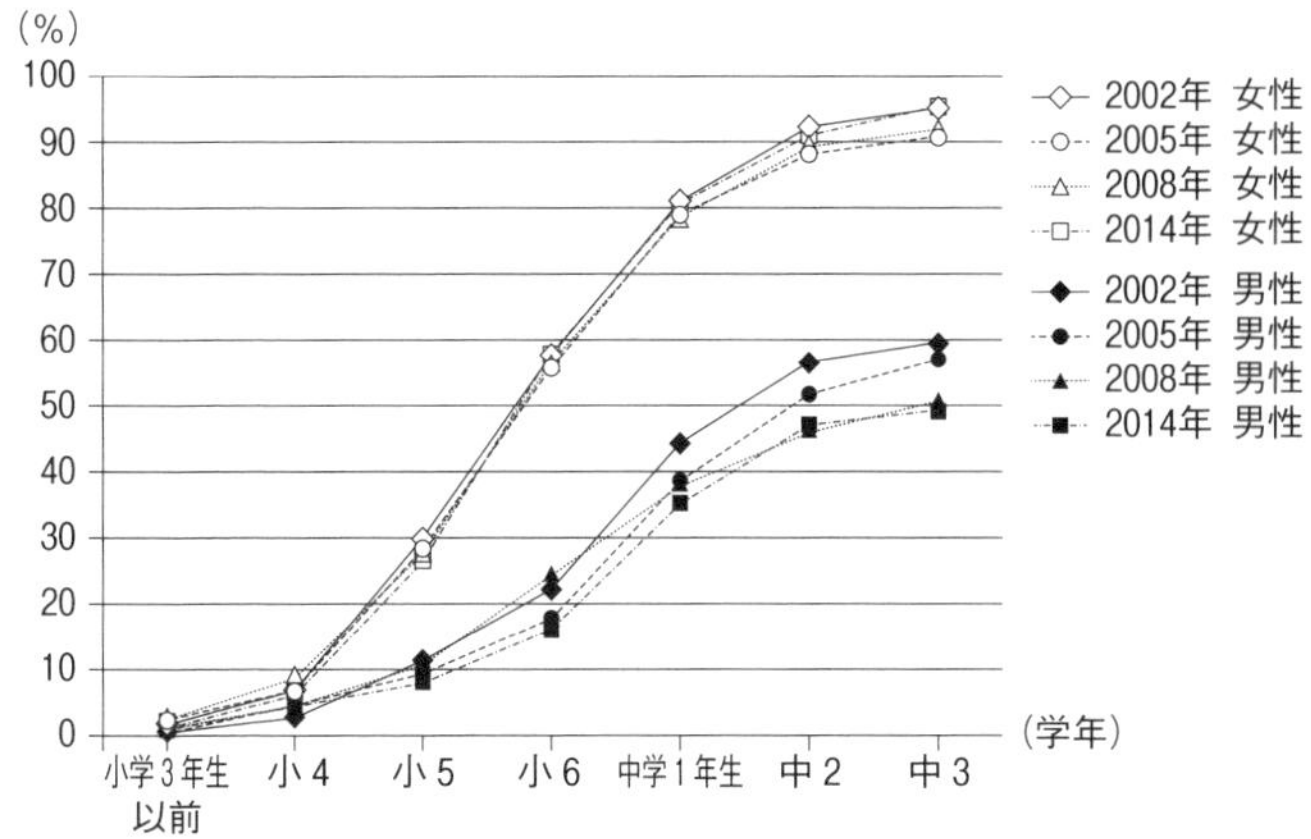

JASE 現代性教育研究ジャーナル（東京都幼・小・中・高・心性教育研究会調査2014年）より

ます。そして、精巣（睾丸《こうがん》）では精子をつくり始め、休むことなく生涯《しょうがい》つくり続けられます。ここは女性と違《ちが》うところです。

精子は、精巣の中の細い管（精細管）の中においてつくられ、精巣の上のほうにある精巣上体という場所に運ばれます。そこから輸精管をたどり、射精管という管で精嚢《のう》という袋状《ふくろじょう》の器官と合流します。射精管は最後に尿道《にょうどう》へと入ります。そのため精液には精子とともに精嚢《のう》液、前立腺《ぜんりつせん》液が含《ふく》まれます。

ある程度、精子がつくられるようになると性器への物理的刺激《しげき》（お風呂《ふろ》で体を洗うなど）や性的な空想などを伴《ともな》ったさいに、陰茎《いんけい》（ペニス、おちんちん）が勃起《ぼっき》（内部の組織に血液が溜《た》まることにより内圧が上《じょう》昇《しょう》して硬くなる）し、精液が外に出ることがあります。これを射精といいます。はじめての射精を「精通《せいつう》」といいます（図表8参照）。かなり個人差がありますが、11歳《さい》から13歳《さい》ごろに経験する人が多いようです（夜眠《ねむ》っているあいだに思いがけなく起こる射精のことを夢精《むせい》といいます）。

一回の射精での精液の量は3〜5ミリリットルで、3億〜4億の精子が含《ふく》まれています。しかし、精液はいっぱいになっても溜《た》まり続けることはなく、外に出さなくても一定期間を過ぎると吸収されて、水とたんぱく質に分解されます。

性の欲求と性的行動

大人になるための性の仕組みを見てきましたが、思春期は体の変化だけでなく心の変化もたいへん大きい時期です。

私たちが生きていくためにどうしても必要な基本的欲求があります。食欲・性欲・睡《すい》眠《みん》・排泄《はいせつ》・呼吸など、個体や種の生存を維持《いじ》するために生物が本来もっている欲求です。「性欲」も大切な基本的欲求のひとつであり、男女間（ＬＧＢＴでは同性間も含《ふく》まれる。5章を参照）での身体的な接触《せっしょく》を求める欲求です。こうした欲求の源は、性中枢《せいちゅうすう》というところが刺激《しげき》されて起こります。

性中枢《せいちゅうすう》は脳内の大脳辺縁系《だいのうへんえんけい》という本能的な情動をつかさどる部位（視床下部《ししょうかぶ》）にあります。見たり、聞いたり、臭《にお》いを嗅《か》いだり、ふれたり、感じたり、経験などが性中枢《せいちゅうすう》に働くと、ホルモンの作用を介《かい》して性欲を感じるような仕組みになっています。同時に、脳のまわりにある、大脳新皮質《だいのうしんひしつ》という考える脳によって性欲はコントロールされます。

個人差はありますが、一連の性的な行動を見てみましょう。①視線を合わせる、②肩《かた》や体にふれる、③手や腕《うで》を組む、④キスする、⑤抱《だ》き合う、⑥性器に触《さわ》り合う、⑦性器同士の接触《せっしょく》（性交、セックス）、つまり妊娠《にんしん》、生命が誕生《たんじょう》する可能性へと続きます。思いがけなく④からいっきに⑦までいくこともあります。

当然ながら、望まない妊娠《にんしん》、性感染症《せいかんせんしょう》を避《さ》けることは必ず考えておく必要がありますし、そのための知識も必要です。

ところで、人間の性は、長い人類の進化の歴史と関係があります。人類は、過酷《かこく》な自然環境《かんきょう》の下で生き抜《ぬ》いていかなければなりませんでした。ほかの哺乳動物《ほにゅうどうぶつ》と比較《ひかく》して、男女で性行動を通じて親密性を深め、子育てを共同で行い、小グループの社会をつくってきました。そのような人間の性行動は、子孫繁栄《はんえい》と種の保存のための「生殖《せいしょく》の性」、心の絆《きずな》を強める「連帯の性」、性の喜《よろこ》びというような「快楽の性」という三つの側面があり、相互《そうご》に関係し合っています。

この三つの側面は、考える脳によって本能的な衝動《しょうどう》や欲求をコントロールされています。ホルモン分泌《ぶんぴつ》が減少しても、関係性や価値観などによって、深い絆《きずな》を保つこともできるのが人間の特《とく》徴《ちょう》です。

もちろん個人差があります。性中枢《せいちゅうすう》と性的行動にも、男女間で違《ちが》いがあります。性欲中枢《ちゅうすう》は男性のほうが女性より2倍くらい大きく、男性のほうが能動的傾向《けいこう》になりやすいこと、性欲中枢《ちゅうすう》の場所も男女では異なることがわかっています。女性の性欲は月経周期とも関連があります。性的な反応においても、男性の場合は直接的・積極的であるのに対して、女性の場合は人間関係を深め、安心感を得ながら、徐々《じょじょ》に心と体の準備が進みます。

男女の、こうしたおたがいの違《ちが》いを知っておくことが大切です。大人社会に出回っているアダルトビデオや雑誌のメッセージは、事実からはほど遠いことを、ぜひ覚えておいてくださいね。

性行動と社会的ルール

性行動に関連して、社会的なルールがあります。その基本は日本国憲法における基本的人権の尊重（第11条、第97条）、個人として尊重すること（第13条、第24条）、男女が平等であること（第14条、第24条）にあります。自分の判断と選択《せんたく》に責任をもつこと、そして、ものすごく相手を好きになり、「いっしょにいたい」「接触《せっしょく》したい」と強く思っても、相手の人権や自由や判断を侵《おか》さないで行動すること、がルールになっています。こうしたルールは個人を守りますし、また、ルールを守れない場合は、法律で罰《ばっ》せられることもあります。なぜなら、「性行動」が個人や家族、社会生活に深く根差すことだからです。

恋愛《れんあい》の心理

「好きっていうのはさ、要するに心臓が勝手にバクバクすることだ。もう、勝手にだぞ」

（乃南《のなみ》アサ『それは秘密の』新潮社《しんちょうしゃ》刊より）

思春期になると、親や家族以外の異性（同性も含《ふく》む）に特別な感情をもち、恋愛《れんあい》感情と

言われるものに発展していくことが多くなります。この感情には性的成熟に伴《ともな》う性衝動《せいしょうどう》が大きく影《えい》響《きょう》します。自分にはない魅力《みりょく》をもつ異性（同性）への関心や魅力《みりょく》を強く感じやすくなり、すれ違《ちが》っただけでもドキドキしたりすることもあります。

ルーツを探ると、人類の進化の歴史までたどりつく話となりますが、ここでは、「あなた」にとって恋《こい》するという特別な気持ちは、みな共通のプロセスをたどることが多いことを覚えておきましょう。好きな人ができると、特有のホルモンが脳内に分泌《ぶんぴつ》され、「ドキドキ感」「食事が喉《のど》を通らない」「夜眠《ねむ》れない」などの「恋煩《こいわずら》い」の症状が起きます。その人のことを考えるだけで幸せだったり、また、ほかの人と仲良くしているところを見てどん底の気持ちになったりします。これらのホルモンは一過性で、数カ月か長くて3年くらい働きます。「恋《こい》に恋《こい》する」ことも少なくありません。

恋《こい》が、愛情に発展するには、時間や人間的成長も必要です。好きになった人は、必ず自分を好きになってくれるとは限らないし、また、自分の感情も心と体の成長に伴《ともな》い変わっていきます。失恋《しつれん》も大切な体験。恋《こい》には始まりと終わりがあるのも特徴《とくちょう》です。だからこそ、人は、恋《こい》する気持ちを大切にしながら大人になっていくのですね。

つぎの①から③は、*心理学者が描《えが》く恋愛《れんあい》のプロセス例です。①出会い（外見的な魅力《みりょく》を感じ、社会的な好ましい評価があり、本人の感情が揺《ゆ》れ動く。接近する機会が増え、相手の性格がとても好ましいという印象などが重なり、好きな人になる）、②進展（相手の態度や性格が自分に似ていると感じたり、どちらかが告白するなど好意を示したり、自分たち以外からの妨害《ぼうがい》があるなどが重なり、しだいに接近する）、③深化（おたがいの役割を補い合えたり、周囲に紹介《しょうかい》し合えるなど、おたがいを必要に感じながら親密性が増す）。

もちろん、途中《とちゅう》で終わる場合もありますし、愛情に発展する場合もあります。

中高生の恋愛《れんあい》事情、SNSには要注意！

「せつなる恋《こい》の心は尊きこと神のごとし。」樋口一葉《ひぐちいちよう》（文学者、5千円札の人）

「初恋《はつこい》は何歳《さい》でしたか？」と聞くと幼稚園《ようちえん》の時の人もいますね。でも相手のある恋愛《れんあい》の経

＊高坂康雅著『恋愛心理学特論』（福村出版）より

験は中高生くらいからが、もっとも多いようです。体と心の発達からいって自然なことです。

相手は学校の先輩や同級生、後輩から塾や予備校、高校生ではバイト先で出会った人などもいるかもしれません。また、ＳＮＳなどネット上での出会いの機会もあるかもしれませんがトラブルや犯罪に巻き込まれる事件も多発していますので要注意です。

中高生や大学生の生活は勉強や部活が忙しいことが大半です。そんな中で、中学生の恋《れん》愛《あい》はいっしょに登下校したり勉強したり、ネットを通じて連《れん》絡《らく》し合ったり。つきあい始めてから別れるまでも比《ひ》較《かく》的期間の短いカップルも多いようです。高校生になると行動範《はん》囲《い》も広がり、行動も活発化します。

さて、恋《れん》愛《あい》の進展にはどのようなプロセスが待ち受けているのでしょうか？　相手の印象がだんだんと理想化され愛がダイヤモンドになるように育っていく「愛の結晶化作用」、さらには「恋《こい》は盲目」と言われるように好きな人しか目に入らなくなることがしばしば起きます。しかし、時間がすぎ、おたがいの世界が異なってくると、たとえばクラス替《が》え、卒業等々に伴《ともな》い、冷静に相手を見られるようになってきます。すれ違《ちが》いも重なり、どちらかが相手の欠点を許せなくなると「恋《れん》愛《あい》関係の終わり」がやってきます。この場合はどちらかにとって「失《しつ》恋《れん》」となります。それまでの恋《れん》愛《あい》関係が素敵なものであればあるほど、とても辛い経験です。

でも、考えてみてください。中高生の恋愛を一生に一度だけのかけがえのない恋《こい》ととらえる大人はどのくらいいるでしょうか？　失恋《しつれん》により人は大きく成長します。相手の気持ちをコントロールすることはできません。離れていこうとする人を無理やり自分に惹《ひ》きつけようとするあまりに、暴力行為《こうい》にまでエスカレートすることをデートDV（ドメスティック・バイオレンス）やストーカー（つきまとい）行為《こうい》と言います。心理学のテストで、「人を愛する」人がもっとも幸福度が高かったという結果があります。自分の自由な意思で好きになり、相手の自由な意思でその気持ちを受け取ってもらえた時、それが「恋愛《れんあい》」の最高の幸せとなります。

全国調査によると中学生の三割弱、高校生の六割弱がデートの経験があり、高校生の男子の三割、女子の四割はキスを経験しています。とはいえ大変個人差があるので性行動の進んでいる人に引っ張られる必要はありません。性行動の急速な進展により、十代の望まない妊娠《にんしん》や出生や性感染症などの大変な問題を抱えることもあります。

「恋《こい》をして恋《こい》を失った方が、一度も恋《こい》をしなかったよりマシである。」アルフレッド・テニソン（イギリスの詩人）。この言葉もみなさんにお贈《おく》りします。

（茨城県立医療大学　加納尚美）

Column

女の子の母親からの願い

社会福祉法人京極町《きょうごくちょう》社会福祉協議会《しゃかいふくしきょうぎかい》　藤波《ふじなみ》ひとみ

思春期の女の子は難解で、母としてはどう接していいのか日々悩《なや》んでいるのが本音です。なんでも話し合えそうなごやかな時もあれば、おたがいに火がついたように言い争い、身も心も疲《つか》れ果ててしまう時もあります。

私自身も40歳《さい》を過ぎた今、これまでにはなかった心の不安定さを自覚しています。それはやっぱり生理の周期と連動していると、最近になってわかってきました。女性は自分の体のことをよく知っておかないと、感情に流されて思いもよらない言動に走ってしまうことがあるのだなあ、と感じます。

つい先日、高校生の長女、中学生の次女と姪《めい》、5歳《さい》の三女と私の5人で、臨時女子会なるものをやってみました。

最近の悩《なや》みは？
生理の時の体の症状《しょうじょう》は？
今、交際している人はいるの？
セックスのことをどの程度理解しているの？

どんな反応をみせるのかドキドキしながら聞いてみたら、案外とスルッと話してくれました。けれど、あまりにも乏《とぼ》しい知識と見解に、母親としてきちんと向き合ってこなかったことを反省するばかりでした。交際相手がいて、大人の体をもっていながら、あまりにも無防備です。ファッションや好きなアイドルのことはとてもくわしいのに……。

人を好きになること、その先にある性のことを、日頃《ひごろ》から言葉にして話し合うことは見方や受け止め方が一層豊かになる大事な時間で、大人がそこにちゃんと寄り添《そ》わなければいけません。

うれしい発見もありました。それは男女の隔《へだ》たりが少ない、自然なよい関係を築いていることです。簡単にいうと、とても仲がいいのです。三姉妹で育った私は、男の子が特に苦手で、小学校高学年から高校生くらいまではほとんど男の子と口をきかませんでした。たまに話すとしても、緊張《きんちょう》してうまく話せませんでした。ところが、同じ三姉妹でもわが娘《むすめ》たちは、男女偏《かたよ》りなく友人をもち、休みの日にはグループで勉強やスポーツなどを楽しんでいるのです。今は学校では出席番号も整列も座席も男女混合で、性別で区切られることが、以前に比べてずっと減っているからでしょうか、「男らしさ、女らしさ」「自分らしさ」の価値観を柔軟《じゅうなん》にもつことができる環《かん》境《きょう》にあるように思います。そんなふうに育った今の子どもたちは、自分の性を大切にし、おたがいの性を思いやる、よいパートナーシップを恋人や夫婦間でつくっていけるのではないでしょうか。

母として、結婚《けっこん》と出産を経験したことで感じたすばらしさを伝えたいと同時に、さまざまな生き方をほかの人たちからもたくさん学んでほしいと願っています。

料金受取人払郵便

本郷局承認

3345

差出有効期間
2021年4月30日
まで

郵便はがき

113-8790

(受取人)
東京都文京区本郷1·28·36

株式会社 ぺりかん社

一般書編集部行

購入申込書 ※当社刊行物のご注文にご利用ください。

書名		定価[円+税] 部数[部]
書名		定価[円+税] 部数[部]
書名		定価[円+税] 部数[部]

●購入方法をお選び下さい（□にチェック）

□直接購入（代金引き換えとなります。送料+代引手数料で900円+税が別途かかります）
□書店経由（本状を書店にお渡し下さるか、下欄に書店ご指定の上、ご投函下さい）

番線印（書店使用欄）

書店名

書 店
所在地

書店様へ：本状でお申込みがございましたら、番線印を押印の上ご投函下さい。

※ご購読ありがとうございました。今後の企画・編集の参考にさせていただきますので、ご意見・ご感想をお聞かせください。

アンケートはwebページでも受け付けています。

URL http://www.perikansha.co.jp/qa.html

書名	No.

●この本を何でお知りになりましたか?

□書店で見て　□図書館で見て　□先生に勧められて
□DMで　□インターネットで
□その他［　　　］

●この本へのご感想をお聞かせください

・内容のわかりやすさは?　□難しい　□ちょうどよい　□やさしい
・文章・漢字の量は?　□多い　□普通　□少ない
・文字の大きさは?　□大きい　□ちょうどよい　□小さい
・カバーデザインやページレイアウトは?　□好き　□普通　□嫌い
・この本でよかった項目［　　　］
・この本で悪かった項目［　　　］

●興味のある分野を教えてください（あてはまる項目に○。複数回答可）。
また、シリーズに入れてほしい職業は?

医療　福祉　教育　子ども　動植物　機械・電気・化学　乗り物　宇宙　建築　環境
食　旅行　Web・ゲーム・アニメ　美容　スポーツ　ファッション・アート　マスコミ
音楽　ビジネス・経営　語学　公務員　政治・法律　その他
シリーズに入れてほしい職業［　　　］

●進路を考えるときに知りたいことはどんなことですか?

［　　　］

●今後、どのようなテーマ・内容の本が読みたいですか?

［　　　］

お名前	ふりがな ［　　歳］ ［男・女］	ご職業・学校名	
ご住所	〒［　　－　　］　TEL.［　　－　　－　　］		
お買上書店名	市・区 町・村　書店		

ご協力ありがとうございました。詳しくお書きいただいた方には抽選で粗品を進呈いたします。

4章

大人の基礎を育てるために

中学3年間で知っておいてほしいこと

今は大人になる準備をする大切な時

人生には段階がある

中学3年間は、まさに思春期の真《ま》っ只中《ただなか》ですね。この時期はどちらかというと、勉強や部活、友だち関係、受験など目の前にあることに精一杯《せいいっぱい》という人が多いのではないかなと思います。だからこそ、この思春期という時期に、自分の体と心が大人になっていく過程にいるということを、しっかりと認識してほしいと思います。

そのためには、人間の一生にはいろいろな時期があるということを知っておいてくださ い。人生は、ライフステージといって、幼児期・小児期・青年期・老年期などというように年齢《ねんれい》の区分によって段階に分かれています。もちろん、何歳《なんさい》から何歳《なんさい》と、きっちり区切ることができるわけではありませんが、その時期の特徴《とくちょう》によって区分ができます。

区分は、年齢《ねんれい》に合わせて成長・発達の特徴《とくちょう》があることを表しています。たとえば、幼児期の子どものころと、中学・高校の時期では、体の大きさや活動の場所、ものの考え方などは変わっていきますよね。また、赤ちゃんとおじいさん、おばあさんでは、あたりまえですが体の活動も違《ちが》っています。そして、誰《だれ》もが人生の最後には〝死〟を迎《むか》えます。

思春期は人の一生を支える土台

ライフステージにおけるそれぞれの特徴《とくちょう》を知っておくことは、これからの人生を過ごす上で大切です。なぜなら、これからのみなさんの人生には、入学、卒業、就職、結婚《けっこん》、出産など、たくさんのできごとが起こります。これらのできごとを乗り越《こ》えるためには、大人としての体をつくることが必要だからです。そのため、生まれてから小学校を卒業するまでの期間（乳幼児期〜児童期）に、骨や筋肉を適度に発達させて、あなたの一生を支える体をしっかりとつくってください。そして思春期には、体と心の変化にしっかりと適応し、大人として生きるための基礎《きそ》を育ててください。

大人としての体と心の基礎《きそ》を育てるためには、どうすればよいのでしょう？　小学校から言われ続けている簡単なことを行うだけです。「食事・運動・睡眠《すいみん》」を「適度に」「バランスよく」行うことです。中学生になれば、もう自分からできる、〝自分を大切にする〟

方法のひとつです。ただし、いいことだからといって「しすぎ」はダメですよ。また、面倒《めんどう》くさいから運動しない、勉強やゲームに没頭《ぼっとう》して寝《ね》ない、ダイエットのため食べないというのは、もっといけないことです。

そして、思春期にダイエットをしては絶対にいけないということを、女の子は特に覚えておいてください。思春期の女の子には、体の変化が起こる前に少し脂肪《しぼう》がつきます。これを太ったと思って食事制限をするなんてことは、しないでください。思春期の変化には、〝脂肪《しぼう》が必要〟なのです。この脂肪《しぼう》が、大人の体にするホルモンをつくります。だから、過激《かげき》なダイエットで、この脂肪《しぼう》を落としてしまうと月経が止まってしまうことがあると知っておきましょう。

また、周囲の人は、思春期のこうした女の子に対して「デブ」や「太った」という言葉を言わないようにしましょう。必要な脂肪《しぼう》なのですから、そんなことを言う必要もありません。反対に、言われても落ち込《こ》む必要もありませんよ。では、必要ではない脂肪《しぼう》って？ それは、この項目《こうもく》を書いている筆者のお腹と背中にたくさんついている脂肪《しぼう》です。中年以降の脂肪《しぼう》は、あんまり必要がありません（泣）。

でも、太っていることを気にしている人もいますね。少しは脂肪《しぼう》を落としたい、でも運動が苦手という人はどうすればいいのでしょう。お勧《すす》めは「歩くこと」（ウオーキング）

です。日常生活の中で、近所へ買い物に行く、駅まで行くという時に自転車やバスを使って移動しているかもしれませんが、なるべく歩いてみましょう。歩くことで、足腰《あしこし》が自然に鍛《きた》えられます。そこでついた筋肉が、将来の老年期を支える体をつくってくれます。まさに、思春期は、大人の体をつくる準備期間です。そのことを知った上で、月経・射精といった第二次性徴《せいちょう》について理解をしておきましょう。くわしくは、2章「人が誕生《たんじょう》するまでの流れ」（61ページ）を読んでみてください。

サナギが羽化する時がいちばん不安定

体が変化するということは、実は不安定なことなのです。たとえば、虫のセミがサナギから羽化する時、これを「変態」といいますが、無防備でいちばん外敵に狙《ねら》われやすい時なのだそうです。つまり、人も同じように体が変化する時は、無防備で不安定な時であり、心も落ち着かないことがあってもおかしくはありません。思春期が始まるころ、早い人は小学高学年からですが、イライラする、なんとなく何でもイヤになる（特に親に対して反抗《はんこう》するという形をとる人も多いですね）など、心が安定しない時があります。なぜ、こうしたことを多く感じるんだろうと思ったら、それは、成長に伴《ともな》って少しずつ自分でこうしたいと考えることができるようになったからといえます。

でも、自分の考えたことの正解がわからないし、実行できる自信もなく、不安を感じることも多くあるでしょう。そう感じている人は、どうぞ安心してください！

まさに思春期は、不安定で不安な時期。順調に大人になっている証拠《しょうこ》です。ただし、その不安定な感情に甘《あま》えることなく、なぜそうなるのか、どうしてそう感じるのか、自分はどうしたいかなどを、ぜひ冷静に考え続けてみることが必要でしょう。

中学生は、そのように、体も心も生活も大人になる準備をする大切な時期なのです。

（東京学芸大学《とうきょうがくげいだいがく》　鈴木琴子《すずきことこ》）

Column

絵画にみる思春期――シリという名の女の子

阿部真理子《あべまりこ》

みなさんが今、学校で手に取る美術の教科書には、どんな絵が載《の》っているのでしょう。

多感と言われる10代後半のころ、私が飽《あ》くことなく眺《なが》めたのは、日本の明治、大正、昭和初期の作品でした。関根正二《せきねしょうじ》、村山槐多《むらやまかいた》、靉光《あいみつ》など、今はあまり聞きませんが、早世した彼《かれ》らの、情念を感じさせる表現や色彩《しきさい》に強くひきつけられました。

落ちこぼれの私は教室に居場所がなく、いつも下を向いて黙《だま》りこくって歩いていたので、そうした鬱《うつ》屈《くつ》が何かしら激《はげ》しいもの、突《つ》き刺《さ》さるようなものに向かったようです。なにしろ修学旅行先の京都《きょうと》で買って帰ったのは、くわっと口を開けた般若《はんにゃ》のお面で、これは私なんだと、歯を食いしばるようにして思っていました。どうにもならない自分をもて余《あま》していたのですが、まわりの大人は誰一人《だれひとり》、気がついてはいなかったと思います。それから半世紀近く過ぎ、10代は遠い昔《むかし》のことになりました。

最近、図書館でアメリカの画家アンドリュー・ワイエス*の「シリ」という作品を知りました。シリは、描《えが》かれている女の子の名前で、15歳《さい》。大きな図版でないのが残念ですが、ほんとうに美しい絵です。明るいモノトーンの背景に洋服の赤や頭髪《とうはつ》の金色が映えています。

ワイエスは30年という長いあいだクリスティーナという近所の女性をモデルに絵を描《えが》いていたのですが、彼女《かのじょ》が病死した後に出会ったのが14歳《さい》のシリ・エリクソンでした。シリはそれから8年にわたってワイエスの絵のモデルを務め、なかには全身のヌードを描《えが》いた作品もあります。ワイエスはこう言っています。

「……悪化と衰弱《すいじゃく》をくり返していたクリスティーナの肖像《しょうぞう》に対して、シリはその正反対の動きをしている。だから、生き生きとしていて湧《わ》き出すような、その上、力に満ちたものが私の絵に登場するのに、

＊アンドリュー・ワイエス（1917.7.12～2009.1.16〈91歳で没〉）。「アンドリュー・ワイエス展カタログ」愛知県美術館編（印象社）掲載の図版「シリ」より

突然《とつぜん》気づくだろう。ここには、大地を通り抜《ぬ》けてやってくる泉のような、どこか突《つ》き破るような力があった。シリは単なる絵のモデルではない。生命のほとばしり以上のものだ」

ワイエスは思春期の少女の放つみずみずしさに打たれたのだと思います。15歳《さい》のシリ本人は、もちろん自覚してはいないでしょう。

ワイエスの作品はどれもそうですが、人物を描《えが》く時、対象に内在する自然（生命）、そのありように対して深い敬意を抱《いだ》いていることを感じさせます。恣意的《しいてき》な意味づけやジャッジ（価値観の押《お》しつけ）をしないのですね。若くても年取っていても、体が悪くても健康でも、男でも女でも、また先住民やマイノリティーであっても、そういう相手を見つめる眼差しは変わらないのです。

私は10代の自分に言ってやりたい。苦しかったよね。でも実はシリのように輝いていたのかもしれないね。でもそんなことわからなかったよね。これからいろいろなことに出合い、いろいろな経験をすることになる。いつの間にか大人になって、いろいろなことを、少しずつ大切に、大事に思えるようになっていくよ、と。

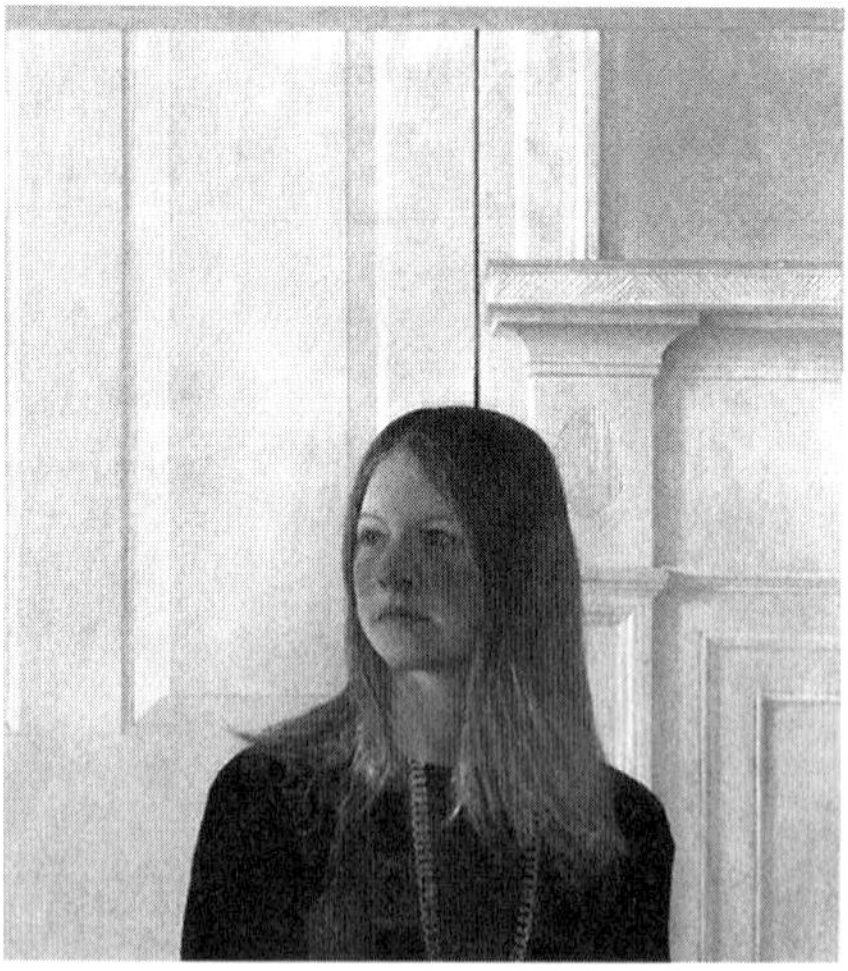

性とは心をもって生きること

「性」について考えてみよう

性って何？

みなさんはきっと初恋をしたり、大好きな異性や同性がすでにいる方も多いでしょう。それはごく自然なことです。しかし、「性」という字にはどういう意味があるか、誰《だれ》もが一度よ〜く考えてみる必要があります。「性」とは、心に生きる、人として心をもって生きることなのです。ですから「性教育」は生きることを教え、学ぶことです。

次ページの図表9に示す事例は、たいへん悲しい事件です。この事件を見るといくつかの問題があります。まず、誰《だれ》もが思うのは「彼氏《かれし》はどうしたの？」「いっしょに住んでいる家族はどうして気がつかなかったの？」あるいは「気付いてあげられなかったの？」ということです。実際にまわりは気がつかないことが多いのです。本人から「実はね」と相談を受けないとなかなか発見されないことがほとんどなのです。どうしたらこうした悲しいことを防げるのでしょうか？

そのための土台は、命を大切に思うこと。だからこそ、自分を大切にできます。自分らしい生き方をめざすことができます。その上で、一人ひとりが命を壊《こわ》すものに気をつけることです。ですから、性に伴《ともな》う病気や予想外の妊娠《にんしん》、それに伴《ともな》う中絶のリスクを知り、避《さ》けなければなりません。こうした土台の上に幸せな人生を築くことを、「生きる教育の概念《がいねん》のピラミッド」と呼んでいます。みなさん、ピラミッドを下から順番に築いていってくださいね。

自分と相手と周囲が喜ぶつきあいを

みなさんという「自分」がいることは奇跡《きせき》です。

図表9 悲劇の実例

乳児遺体遺棄容疑、高２の少女を逮捕

〇〇市の駐車場内で1日、生後間もない女児の遺体が見つかった事件で、〇〇署は5日、市内に住む**〇〇高校2年の少女(16)**を**死体遺棄**容疑で逮捕した。少女は「捨てたのは間違いない」と容疑を認めているという。

逮捕容疑は今月1日ごろ、女児の遺体を駐車場内の物置とブロック塀の隙間に遺棄したとしている。女児は**先月31日夜から1日未明**に生まれたとみられる。遺体が見つかった駐車場付近の血痕や周辺の聞き込みで、少女が浮上したという。

同署は死因の特定を急いでいる。また、**殺人**や**保護責任者遺棄致死**容疑も視野に、少女から出産の経緯や遺棄の動機について聴いている。

思春期は辛《つら》いことがたくさんありますが、大人になるためには避《さ》けて通れない非常に大事な時期です。「性」には「旬《しゅん》」といっていちばんいい時期があります。だからこそ、安易な性行為《せいこうい》は図表9の例のようにとても危ないのです。セックスは親になる行為《こうい》に直結しているることなのです。

男女交際はとてもいいことです。愛し合うことは人間にとってすばらしいことです。だからこそ、自分と相手を大切にし、まわりが喜んで応援《おうえん》してくれるようなよいつきあいをしてほしいと心から願っています。

命はとても傷つきやすく壊《こわ》れやすい

命はとても傷つきやすく壊《こわ》れやすいもの（図表10参照）ですが、防げることはたくさんあります。

大切な命を壊《こわ》すものについて、最初にあげるのは、いじめです。そして自殺。これは交通事故の2・5倍もあります。そして、いちばん多いのが予想外の妊娠《にんしん》です（16・7万人以上）。このなかで若者の割合も少なくありません。だからこそ、「性はどうあるべきか」ということを考える必要があります。

産婦人科医療《いりょう》の現場には、「たった1回のセックスで妊娠《にんしん》してしまった、どうしよう」、

図表10 大切な命を壊すもの

＜防げないもの＞
- 突然の事故
  - 火事
- 自然災害
  - 台風
  - 地震
  - 津波
  - 洪水
- 先天的な病気
  - 重い病気
  - 肢体不自由

東日本大震災
死　者：　15890人
行方不明：2589人

＜防げるもの＞
- 病気・（性）感染症
- 飲酒運転・交通事故（約1万人）
- 人為的災害
- けんか、けが、いじめ
- 犯罪、殺人
- 自殺（2.5万人）
- 戦争
- ドラッグ（薬物乱用）
- 予想外の妊娠　（18万人以上）

「性感染症《せいかんせんしょう》にかかってしまった」、「気がついたら法律で人工妊娠中絶《じんこうにんしんちゅうぜつ》ができない時期になっていた」という中学生や高校生が来ることもあります。そう、たった1回のセックスでも妊娠《にんしん》することがあるのです。性感染症《せいかんせんしょう》が移ることがあるのです。それを知ってほしいと思います。

男性が使うコンドームだけでは、妊娠《にんしん》は完全には防げません。性感染症《せいかんせんしょう》は泌尿器科《ひにょうき》や産婦人科でも調べられますが、保健所の無料検診《けんしん》（要予約・個人情報不要）をお勧《すす》めします。女性が使うピル（経口避妊薬《けいこうひにんやく》）は産婦人科で処方されます。また、産婦人科では、性行為《せいこうい》から72時間以内なら75％の妊娠《にんしん》を阻止《そし》できる「緊急《きんきゅう》避妊薬《ひにんやく》」も処方されます。

絶対に妊娠《にんしん》しない方法はひとつで、セックスをしないことだけです。これができないなら、少しでも安全な避妊《ひにん》（女性が経口避妊薬《けいこうひにんやく》を内服し、男性がコンドームを正しく使う）をしっかり行うことが必要です。

「性と欲」をコントロールしよう

愛とは相手を大切にして、守ること（自己犠牲《ぎせい》）とすれば、口先だけで「好きだよ、愛しているよ」と言いながら、その時の自分さえよければいいと思っている状況《じょうきょう》は、自己中心的といえます。性欲も食欲も人間には必要ですが、それらをコントロールすることがもっとも大切なことで、そここそが人間とほかの動物との違《ちが》いです。

ちょっと失礼な言い方かもしれませんが、男性の性は「終わる性」で、射精をするとピークが過ぎます。性行為《せいこうい》の中ではがんばるけれども、その後が続かないのです。一方、女性の性は「始まる性」です。ゆっくりと愛を育んでいきます。女性の性は「接触欲《せっしょくよく》」。ふれあいたい、大事にされたいというのが女性の性です。男性の性は「排出欲《はいしゅつよく》」と言ってもいいでしょう。

図表11は大学生のアンケート結果です。男性と女性の「性」のとらえ方の違《ちが》いがわかります。はじめてのセックスの動機について男女に聞くと、男性は「欲」が多く、女性は「愛」が半分以上です。男性の1割は、「セックスにあこがれて」で、女性の3番目の理由

図表11 男性と女性の「性」のとらえ方の違い

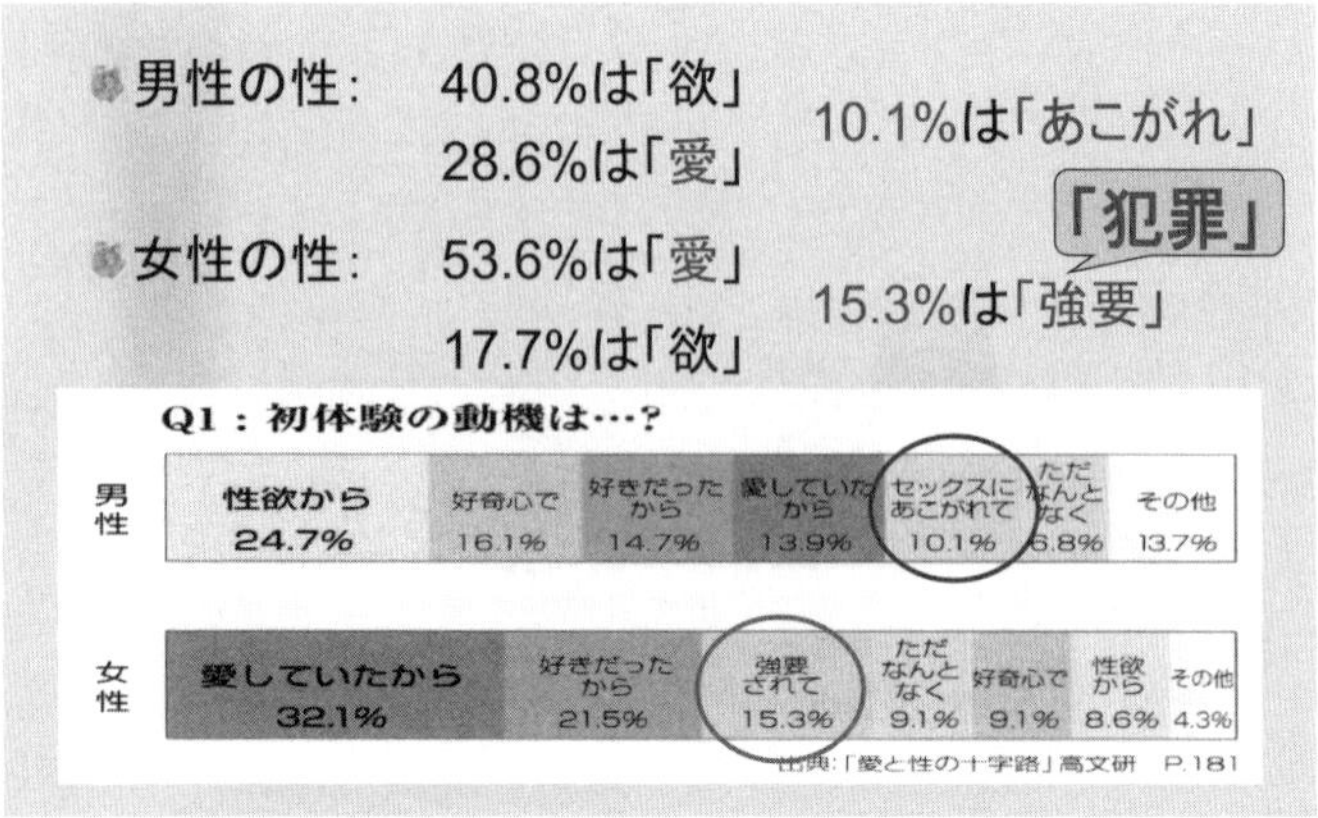

は「強要されて」となっています。これはとても悲しいことですし、人間としてもっとも卑劣《ひれつ》な犯罪です。

本当の愛は待てると思います。車の免許《めんきょ》を持っていないのに自分勝手に運転をしたら危ないですよね。性も同じで、ほんとうによいつきあいをしたいなら守るべき一線があるはずですし、待てるはずです。そのためにおたがいの人格を尊重し合うことがいちばん大事なのです。

「いや」という意思を伝えられるか

図表12を見てください。質問にひとつでも「ノー」があったら悲しいセックスになるから先延《さきの》ばしにしてね、というチェックリストです。おたがいに体のことを理解しているか、

図表12 ノーがあったらチェックリスト

以下の質問にひとつでもNOがあったらセックスを先延ばしにしてください！

- □相手や自分のカラダのことをよく理解していますか？
- □相手を尊敬して対等な関係でいられますか？
- □きちんと話し合うことができますか？
- □避妊と性感染症予防に責任を取れますか？
- □妊娠したらどうするか、覚悟はできていますか？
- □人の心や体を傷つける性行為はしないと誓えますか？
- □本当にありのままの自分でいられますか？

（北村邦夫監修：『いつからオトナ？こころ＆からだ』集英社刊より）

対等の関係か、話し合うことができるか、こうしたことを自分に問うてみてください。

みなさんをトマトにたとえてみましょう。成長は大事ですが、もっと大事なのは成熟です。成熟には時間がかかります。そしていちばんいい時期、旬《しゅん》というのがあります。

性も同じで、いい時期があります。でも、成熟していないトマトをいたずらして台無しにしてしまう、悪い人がまわりにいっぱいいます。だから、気をつけてください。いやな目、怖《こわ》い目に遭《あ》いそうな時には「ノー」という勇気をもちましょう。「いやだ、やめて」と自分の意思を伝えてください。人は思うようには生きられないものですが、決してあきらめてはいけません。やり直すためには、遅《おそ》すぎることはないのです。

生きているだけで百点満点

あなたがただそこにいる、生きているだけで百点満点です。生きるとは、英語では二つの言葉があります。Live（リブ）というのは何だか知らないけどそこにいる、生きている。Alive（アライブ）というのは、目的があって、考えながら自分らしく生きる。自分らしく生きることは、実際のところ大人でも結構、難しいことです。大人だって死にたくなることはありますし、生きづらい世の中と感じることもあります。そうした時は、せめてリブでいることをお願いしたいです。「生きることは自分の可能性を信じること」でもあるのです。

このリブとアライブの違《ちが》いはひとつしか

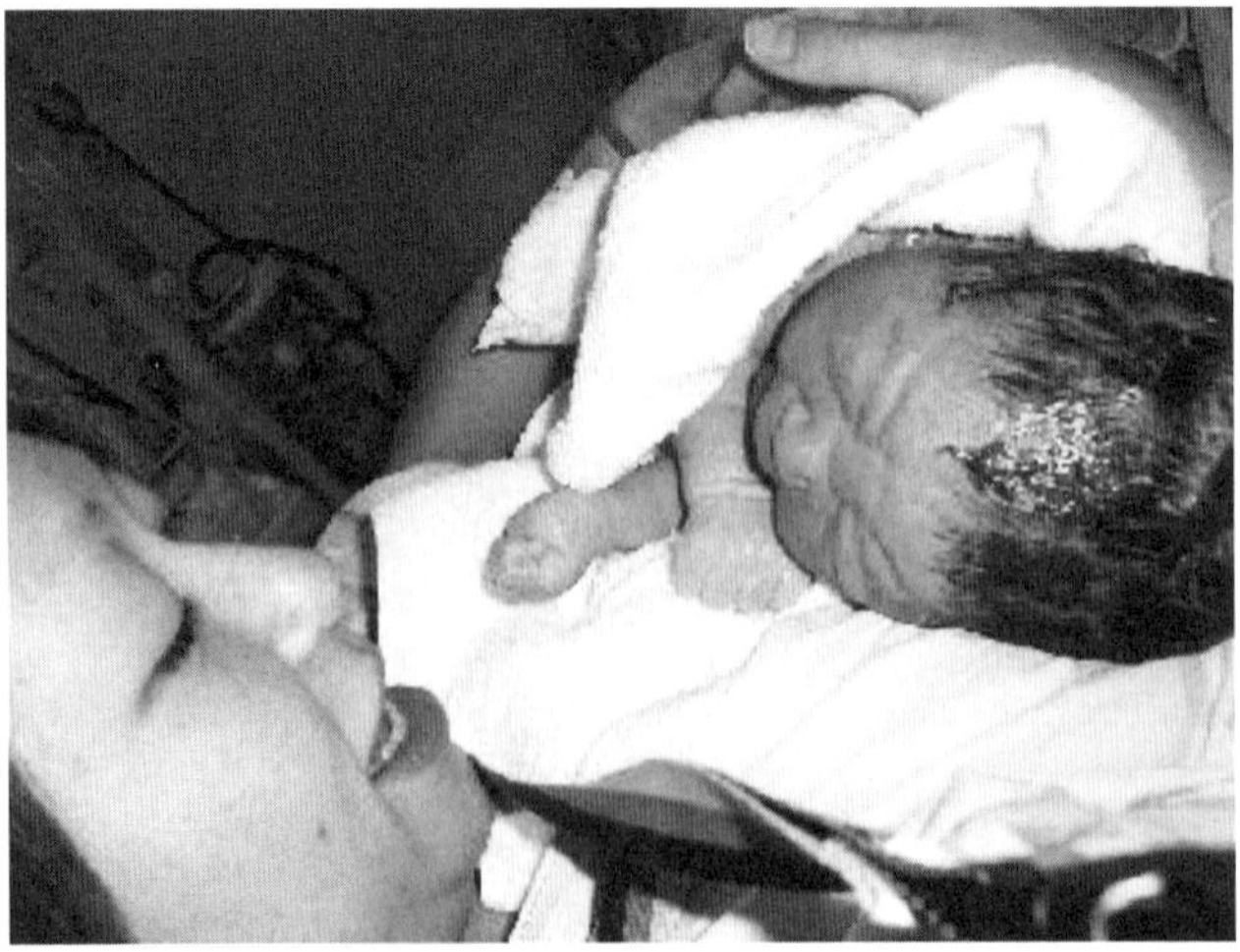

命の誕生。愛されるために誰もがこの世に生まれる

ありません。aがつくかどうかだけです。このaをもっている人は強いのです。aはアガペーといって、いつもあなたを愛しているよ、という親の愛と思ってもいいでしょう。神の愛という人もいるかもしれません。人によっていろいろなaが思いつくのではないでしょうか。

世の中にはたくさんの人がいます。親からマイナスなことをされている人もたくさんいます。親の気持ちなんて、わからなくてもいいのです。でも、そのままで、ありのままの自分でいてくださいね、「ジャスト・アズ・ユー・アー（are）」のaを大事にしてほしいのです。

（龍《りゅう》ケ《が》崎《さき》済《さい》生《せい》会《かい》病院産婦人科医　陳《ちん》　央仁《おうじん》）

Column

男の子の父親からの願い

家吉篤郎《いえよしあつろう》

「経験から学び、自分で考え責任をもって歩める人であれ」。これが、私の子育ての基本です。

私には、高校3年生（17歳《さい》）と中学3年生（15歳《さい》）の息子がいます。長男は、山を愛し自然が好きな「大型犬」みたいな、マイペースで優しい性格に育っています。次男は、ふわふわと手触《てざわ》りのよい「小型犬」のような、甘《あま》え上手に育っています。思春期真《ま》っ只中《ただなか》の息子たちは、生まれたばかりのころの面影《おもかげ》は薄《うす》くなり、大人への階段を上りながら成長しています。

私は息子たちの誕生《たんじょう》にさいして、妻のお産に二度立ち会いました。さっきまでお腹の中で動いていたはずが、外に出て来た途端《とたん》に「おぎゃー」と力強く泣く、「なんて凄《すご》いんだ」と驚《おどろ》きました。同時に、妻への感謝の念がいっきに湧《わ》いてきたことを思い出します。

「母親は命をかけて産んで、子どもは命をかけて生まれてくる」と、よく妻が言っていましたが、ほんとうに子どもも命をかけて生まれてくることを実感しました（妻はお産が毎回軽く、あまり大変そうには、実は見えませんでしたが）。

その後、子育てが始まりました。「男の子」としての扱《あつか》いに、妻との違《ちが》いをはじめて感じたのは、長男が生まれて間もないころでした。おちんちんの洗い方で「どこまで、どんなふうに洗えばよいのか」と聞かれても、「ふつうに」としか言いようがありませんでした。それからは、私がお風呂《ふろ》担当になり、自分と同じように洗っていました。最近では、「下着や布団《ふとん》を汚《よご》したら、自分で水洗いして洗濯機《せんたくき》に入れておきなさ～い！」という息子たちへの妻の怒鳴《どな》り声から、彼《かれ》らが順調に成長していることがわかります。

私自身は、中学・高校は男子校で青春を過ごし、男の熱い友情を築いてきました。当時の友人は自分にとって大切な存在であり、今でも交流が続いています。大学時代は、はじめて彼女《かのじょ》ができ、異性とのつきあい方を試行錯誤《しこうさくご》しながら過ごしました。別れも経験し、恋愛の厳しさも味わいました。息子たちも同じような年代になってきていますが、「僕《ぼく》は彼《かの》女《じょ》はつくらない。いや、できないと思う」とか「高校生になったらつくりたい。リア充《じゅう》になりたい」とか言っています。彼《かれ》らはこれからの人生の中で、きっと恋愛をしていくことと思います。相手があることなので、難しいと思う場面もあるでしょうが、彼《かれ》ら自身に合った人に出会えることを願っています。

妻と結婚《けっこん》して18年になりますが、いちばん大切なことは、「自分も相手も大切にする」ということです。大切にしたいと思える人と出会い、いっしょに人生を歩むことは、人生を豊かなものにしていくと思います。君たちにも（彼《かれ》らにも）、豊かな人生を歩んでほしいと願っています。

人生を豊かにするには、人との出会いやさまざまな経験が必要になるでしょう。多くの困難や失敗に対しても、たくましさを身につけて乗り越《こ》えていってほしいと思います。命を大切にし、自分の人生を自分らしく歩んでほしいと願っています。これからの君たち（彼《かれ》ら）の人生にエールを送り続けていきたいと思います。

デリケートな男子の悩み

男性として、先輩からきみたちに伝えたい必須知識

自分の体を知る

みなさんが大人になるまでは、まだ少し時間があるとは思いますが、自分の性や女性の性がどのようなものなのか、自分自身の体の構造や仕組みについて知ること、なぜ生きているのかについて考えることは、みなさんにとって大切な課題だと思います。ここでは、射精の仕組みについて、みなさんが日頃《ひごろ》、不思議に思っているかもしれない疑問のいくつかについて簡単にふれます。

みなさんは陰茎《いんけい》（ペニスと言います）が、硬《かた》く大きくなることを知っているでしょう。これを勃起《ぼっき》と言います。陰茎《いんけい》にある一対の海綿体と尿道《にょうどう》を取り巻く海綿体に血液が流入することで起きます。脳が性的な刺激《しげき》を受けた時や、機械的な反射で勃起《ぼっき》するのです。硬《かた》く

なるからと言って骨が入っているわけではありません。勃起《ぼっき》が起きて刺激《しげき》を受けると陰茎《いんけい》から精液が放出されます。これが射精です。射精後や刺激《しげき》がなくなればペニスはふつうの状態に戻《もど》ります。

夢精は寝《ね》ているあいだに性的な夢《ゆめ》や機械的な刺激《しげき》を受けて射精するもので、朝起きるとパンツが濡《ぬ》れていることがあります。しかし、おねしょとは違《ちが》いますのでびっくりしないでくださいね。ところで、おしっこと精液は同じペニスから出てきます。みなさんが射精をする時、おしっこがいっしょに出ることはあるでしょうか？　心配しないでください、射精の時はおしっこと精子がいっしょに出てくることはありません。

精子は精巣（睾丸《こうがん》）でつくられて細い導管で腹腔《ふくこう》内に入り、膀胱《ぼうこう》の背中側にある精嚢《のう》に溜《た》められます。この精嚢《のう》は射精管を通じて尿道《にょうどう》につながっています。射精の時、精子が射精管から尿道《にょうどう》に出されると膀胱《ぼうこう》の出口に当たる尿道《にょうどう》周辺の括約筋《かつやくきん》が収縮し尿《にょう》は出ません。また、精子が膀胱《ぼうこう》に入ることもありません。心配する必要はないのです。

男子は悩《なや》む？

中学校の時、私も陰毛《いんもう》やペニスの形状、夢精《むせい》、なかでも自慰《じい》（オナニー、マスターベーションとも言います）行為《こうい》のしすぎについて悩《なや》みました。友だちだったか、誰《だれ》かから、一日の回数を自慢《じまん》されたり、あるいはしすぎると頭が悪くなり、学校の成績が下がる原因だとも聞かされ罪悪感《ざいあくかん》に悩《なや》まされました。夢精《むせい》のことや勃起《ぼっき》については小学校の時に母から聞き、知ってはいましたが、射精後の感情は、おねしょのような罪悪感《ざいあくかん》と快感が入り混じった複雑なものでした。

精通が起きたからと言って、女の子の初潮《しょちょう》のようにお赤飯でお祝いしてもらうこともありません。また、ペニスには軟骨《なんこつ》が入っているので硬《かた》くなるのだというその話を信じていました。それに、水泳の後はペニスや睾丸《こうがん》が縮こまって極小になったり、触《さわ》っていると睾丸《こうがん》が鼠径管《そけいかん》の中に挟《はさ》み込《こ》まれたり、自動運動をしたりといろいろなことに驚《おど》きました。中学生の悩《なや》みは尽《つ》きないのです。もっとも困ったことは、同学年の女の子たちの外観です。女の子は中学生になると、大人と変わらない子たちが多くなり、女性を意識せざるを得ません。表面は平静、内面は嵐《あらし》の中学男子でした。

大人の女性は、おっぱいがふくらんでいるのが特徴的《とくちょうてき》です。この「おっぱい」という言葉については、年を経た今現在でも好きだし、尊敬の念があります。最近の子どもたちの中で「おっぱいはいやらしい」とか、「汚《きたな》い」という言い方をするのを聞くことがあります。ですが、この言い方はとてもおかしいと思います。なぜなら、おっぱいは大切な臓器で、赤ちゃんのための乳汁の供給、生命維持《いじ》と皮膚《ひふ》感覚の発達（これは性を機能させる

大切な感覚の出発点となるものです）のための装《そう》置《ち》といえるものだからです。

中学男子として考えてほしいこと

みなさんは、性に関する情報をインターネットで得ていることと思います。それらの情報、映像や画像は商業ベースで大人が創作したものが多いのです。そこでは女性の存在を低く見て、暴力で性を取り扱《あつか》うといった表現をするパターンが多く見られます。これらは大人が見る娯《ご》楽《らく》作品としては評価できますが、現実そのものではありません。

マスターベーションは当然ですが、性の交渉《こうしょう》はたいへん心地よいものです。そして、それは現実の相手があって、平和の内に成立します。しかも、その相手となる人はあなたと同じように知性と感覚、感情をもつ存在です。ゲームと同じ感覚で勝敗や優劣《ゆうれつ》で相手を考え、対応するのは平和に反します。私たちは性を営む相手を必要とし、たがいに尊重しなくてはならないのです。

すでに述べたように、中学生男子は大人になる段階で、もやもやした気持ちの整理がつかない時期です。話しやすい友だちに相談することも大切でしょう。性的な疑問については、みなさんのことをもっとも大切に考えてくれる大人を活用しましょう。それは家族の中の大人たちや信頼《しんらい》できる学校の先生であったりします。はずかしがらずに尋《たず》ねることが必要です。

性《せい》感《かん》染《せん》症《しょう》と健康

*性感染症《せいかんせんしょう》（またはＳＴＤと略していう場合があります）という言葉を覚えておきましょう。簡単にいうと性交を通じて精液や血液などの体液中の病原体に感染する病気のことです。代表的なものとしてＨＩＶ（ヒト免疫不全《めんえきふぜん》ウイルス）の感染によるＡＩＤＳ（後天性免疫不全症候群《めんえきふぜんしょうこうぐん》）や梅毒トレポネーマの感染による梅毒、淋菌《りんきん》の感染で起きる淋菌感《りんきんかん》染症《せんしょう》、Ｂ型肝炎《かんえん》ウイルスによる肝炎《かんえん》、などがあげられます。このなかで、日本のかつてのＨＩＶの感染者の多くは汚染《おせん》された血液製剤《せいざい》の使用による感染がほとんどでした。しかし、現在では残念なことに先進国のなかで感染者が増加している国となっています。これは若

＊性感染症の参考を以下に紹介します。国立感染症研究所の性感染症（STD）についてのホームページ
https://www.niid.go.jp/niid/ja/route/std.html
性感染症予防啓発スライド・日本性感染症学会の資料 http://jssti.umin.jp/pdf/keihatu20160630.pdf

い人のあいだでの無防備な性交渉《せいこうしょう》による感染や、買売春によって外から家庭の中にもち込《こ》まれたウイルス感染が拡大しているからです。

今のところ予防方法として推奨《すいしょう》できることは、コンドームを必ずつけるということです。コンドームというと避妊《ひにん》の方法（110ページ参照）として知っているかもしれません。しかし、みなさんは、このような性感染症《せいかんせんしょう》を予防するためには性行為《せいこうい》に関する衛生の知識とその社会的背景についての知識をもつことも必要です。ここではそれらの詳細《しょうさい》について述べることはしませんが、性行為感染症《せいこういかんせんしょう》の学習に有用なインターネットのサイトを下記に載《の》せておきます。性感染症《せいかんせんしょう》は、たった1回の性交で感染することがあります。また、他人事ではなく誰《だれ》でもかかる可能性があります。ぜひ、大人になる条件のひとつとして、性感《せいかん》染症《せんしょう》の予防について覚えておいてください。

（広島文化学園大学《ひろしまぶんかがくえんだいがく》　中村《なかむら》　哲《さとし》）

Column

じいじから、男の子へのメッセージ

夕張市立診療所 前沢政次《まえさわまさじ》

受験勉強は進んでいるかな?

今日はね、勉強は小休止して命の誕生《たんじょう》の問題、そしてその前にある性、セックスのことについて考えてみよう。

「命」って、なかなか重いテーマだね。考えたり、悩《なや》んだりすることあるかい? 自分はどうして生まれてきたのだろう、生まれてこなかったほうがよかったのだろうかとか、悩《なや》む人も多いだろうね。

じいじはね、おととしの8月かなあ、ばあばの病気がだんだん重くなって、命が長くないだろうと考えた時、孫たちに、覚悟《かくご》をしておくように勧《すす》めた。人の命は有限で、必ずお別れする時が来ると伝えておきたかった。命はこの地上では限りがある。だから一日一日を大切に生きる。そして、死んでからも、愛する人の命を守れる。それが僕《ぼく》たちの命のつながりだよ、きっと。

ばあばは、亡くなる一日前に孫たちが見舞《みま》ってくれて、ほんとうにうれしかったと思う。だから「生まれてきてくれてありがとう」って声をふりしぼって言ってくれたね。

命の誕生《たんじょう》には、愛が幾重《いくえ》にも重なり合っているのかな。不思議がいっぱいあるね。

男性の精子と女性の卵子が結ばれて命は誕生《たんじょう》するのだけれど、形はいろいろだね。両親が愛し合って結婚《けっこん》して、誕生《たんじょう》する命ばかりではないね。性暴力を受けて妊娠《にんしん》する人もいるし、とても父親や母親になれる状況《じょうきょう》ではないのに、妊娠《にんしん》することもある。

それに性行為《せいこうい》には怖《こわ》い病気が移る危険もある。

性行為《せいこうい》は、本来、自分の遺伝子をもった子孫を残すためのものだったのだろうけど、人間はそれ自体を楽しむようにもしてきた。昔《むかし》からずっとね。性行《せいこう》為《い》には、麻薬《まやく》みたいな作用もある。行為《こうい》することで幸せな気分になれて、いやなことを忘れられる。一人の人との行為《こうい》には飽《あ》きてしまって、たくさんの人と交わって快楽を極めることが、人生最大の目標になってしまう人もいる。

じいじが医者になって10年くらいした1980年ごろ、エイズという病気がアメリカのゲイのあいだで増加しているという英語の報告を読んだのを覚えている。その時代に生きたある男性は、生涯《しょうがい》に7500人もの同性と性行為《せいこうい》をしたのだって。それが今は異性間性行為《せいこうい》によってほとんどが感染する。で、コンドームを使うと予防できることになっている。

でもね。もっと大事なことがあるような気がするのは、じいじが年寄りだからだろうか。若い女性は生物学的にも、社会的にも性感染症《せいかんせんしょう》にかかりやすい。男性が優しく守ってあげるべきだね。真実の愛は性《せい》行為《こうい》よりも友情によって育まれると思うのだけれど。

どう思う?

5章

自分らしく生きる、LGBTのこと

LGBTって何?

三つの言葉から考える「自分らしい性を生きる」とは?

Diversity(ダイバーシティー)

多様性=ダイバーシティー、という言葉を知っていますか? 人は誰《だれ》もがみんな、「世界に一つだけの花」の歌詞のように、自分らしさというものをもっています。一人ひとり違《ちが》う人がばらばらに存在しているのではなく、さまざまな個性をもった人びとによる社会(集団・群)のようすを、多様性と呼ぶのです。つまり多様性とは、いろいろな個性が共存している集団の状態と言えます。人びとがたがいに自分と他者の個性を尊重し合うようになるため、多様性によってより大きな進歩や革新が、社会にうながされます。

大人になるということは、自分らしさや他人の個性を大事にしながら、社会を発展させていくことになるでしょう。では、性の分野で、個性とはどのようなことを言うのでしょうか？

SOGIESC（ソジースク）

自分の「個性」について考える時に役立つ言葉が、「性的指向 Sexual《セクシュアル》 Orientation《オリエンテーション》」「性自認 Gender《ジェンダー》 Identity《アイデンティティー》」「性表現 Gender《ジェンダー》 Expression《エクスプレッション》」「性的特徴《とくちょう》 Sexual《セクシュアル》 Characteristics《キャラクタリスティクス》」の頭文字をとったＳＯＧＩＥＳＣ（Sexual Orientation, Gender Identity, Gender Expression and Sexual Characteristics）です。性的指向とは、恋愛感情や性的な関心・興味が、主にどの性別に向いているかを表す言葉です。性自認とは、誕生《たんじょう》時に与《あた》えられた性別に対して自分の性別が何であるかという本人の感覚のことで、生まれた時の性別とは違《ちが》うという感覚を「性別違和《せいべついわ》」と言います。性表現とは、自分の性別が何であるかという本人の感覚を表現することで、たとえば、性別トイレのどちらを選んで入るか、などです。最後に性的特徴《とくちょう》とは、その人のもつ主に身体的な特徴《とくちょう》のことを指し、たとえば、ペニスの形や大きさ、乳房《ちぶさ》の形なども含《ふく》みます。

つまり、生まれた時の体の特徴《とくちょう》などから「女の子」「男の子」と決まれば、それで性に関しての個性はだいたい決まっていく、というような単純なものではないということです。生まれた時の性別と性自認が違《ちが》ったり、性的指向が異性同士で結婚《けっこん》した両親とは違《ちが》って同

図表13　性はいろいろ

SO 性的 指向	男　女	同性に向く場合は同性愛的（Homosexual）。 異性に向く場合は異性愛的（Heterosexual）。 両性に向く場合は両性愛的（Bisexual）。
GI 性自認	男　女	出生時の性別、身体的性に対しての本人の感覚。出生時の性別や身体的性に違和感がある場合はトランスジェンダー、性別違和という。
GE 性表現	男　女	話し方や振る舞い、髪形・服装等をどのように表現するかという本人の感覚。出生時の性別とは必ずしも一致しない場合がある。
SC 性的 特徴	男　女	外・内性器・性腺・性染色体の状態。典型的男／女型でない状態（性分化疾患）もある。

性愛であったり、女の子だけれど男の子のように見える服装《ふくそう》をしたり、ペニスの大きさがクラスのみんなそれぞれ違《ちが》う、などということは、あたりまえにあって、それらすべてが「個性」なのです。

クラスや学校の中に、異性愛指向の人と同性愛指向や両性愛指向の人がいること、そういった学校のようすを多様性があると言い、そんな集団にはエネルギーがたくさん生まれると考えられています。みなさんの学校はどうでしょうか？

また性的指向、性自認、性表現、性的特徴《とくちょう》には、少し似ていたり、逆に全然違《ちが》う特徴《とくちょう》もあります。図表13のようなグラデーションが、年齢《ねんれい》などによっても、変化したり揺《ゆ》らいだりすることもあります。

LGBT（エルジービーティー）

日本でもLGBTという言葉は定着してきたので、

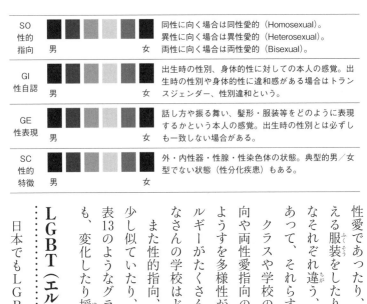

知っている人も多いと思います。この言葉はレズビアン（Lesbian）、ゲイ（Gay）、バイセクシュアル（Bisexual）、トランスジェンダー（Transgender）の頭文字をとったものです。レズビアンとは女性の同性愛者、ゲイは男性の同性愛者、バイセクシュアルは両性愛であるすべての人を指し、トランスジェンダーとは出生時の性別に違和感《いわかん》をもって男性から女性へ、あるいは女性から男性へ、または別の性別へと、自分に与《あた》えられた性別を超《こ》えていこうとする人を意味します。ＧＬＢＴとも言いますが、ゲイよりも無視されることの多かったレズビアンを最初に言うことを意識した言葉が、ＬＧＢＴです。また、ＬＧＢＴだけでなく、ＬＧＢＴを含《ふく》めた多様な性的在り様の人びとを総称《そうしょう》する意味を込《こ》めてＬＧＢＴという言葉を使う人もいます。

たとえば、生まれつきの性別は男性で、性自認が女性で、好きになる相手は女性、という場合は、その人はレズビアンといえます。性的指向を見る場合は、自分の性自認と相手の性自認が同性であれば同性愛、異性であれば異性愛、ということになります。日本では、２０１８年現在、まだ同性婚《どうせいこん》が認められていませんが、この例の場合は法的には自分は男性、相手は女性であるので、レズビアンですが法的には結婚《けっこん》できる、ということになります。また日本では２００３年に制定された「性同一性障害者の性別の取扱《とりあつか》いの特例に関する法律」により、一定の基準を満たした、裁判所に認められた場合は、法的な性別の変更《へんこう》ができるようになりました。このため、先ほどの例にあげた人が性別変更《へんこう》をした後は、同《どう》性婚《せいこん》を認める法律がないと、同性である相手との結婚《けっこん》はできなくなってしまいます。

性指向や性自認の多様な人びとが生活をしていくことを想定した法律や制度は日本にはまだないため（２０１８年現在）、生活で困るような数多くの生きにくさは、現代社会の課題です。こうした「生きにくさ」の解決のために、いろいろなグループが、国や地方自治体に働きかけています。そのひとつである「性的指向および性自認等により困難を抱《かか》えている当事者等に対する法整備のための全国連合会（略称《りゃくしょう》ＬＧＢＴ法連合会）」が作成した「性自認および性的指向の困難解決に向けた支援《しえん》マニュアルガイドライン」*には、２６４個の困りごとがあげられています。

自分を表現する言葉を発見する

もし、あなたやあなたの友だちがＬＧＢＴだったら？　または、性表現や性的特徴《とくちょう》が多くの人と違《ちが》っていたら？　たくさんの困りごとがこれからの人生に待ち受けているのではないかと不安に感じるでしょうか？　それとも、自分らしさを誇《ほこ》らしく感じるでしょうか？　人生には、不安な時間もあれば、自分が誇《ほこ》らしいと感じる瞬間《しゅんかん》も数多くあるものです。すべての人間は、ほかの誰《だれ》でもない、自分の人生を生きていくだけです。ただ言える

＊『性自認および性的指向の困難解決に向けた支援マニュアルガイドライン』性的指向および性自認等により困難を抱えている当事者等に対する法整備のための全国連合会監修、一般社団法人社会的包摂サポートセンター発行

のは、できれば自分を表すのに的確な言葉があるほうが、不安も誇《ほこ》らしい気持ちも伝えやすいでしょうし、まわりも理解しやすいものです。

性的指向、性自認、性表現、性的特徴《とくちょう》……ＳＯＧＩＥＳＣやＬＧＢＴという言葉も、言葉そのものは以前からありましたが、人の多様性に関する言葉として使われたり、知られたりしていたわけではありません。言葉を誰《だれ》かが見なおし、自分や友人を説明する言葉として活用し、それに共感した人たちがこれを使うことによって、言葉は広まり、定着してきたのです。

今まであまり話題にならなかったことに名前がつくこと、これを、可視化（見える化）と言います。実際にいるのに無視されたり、その結果、孤《こ》独《どく》になったり困っていても助けを求めることができなかったり、存在を消されたような状態になることは、人間にとってもっとも辛《つら》いことです。これまで長いあいだ、ＬＧＢＴの人たちや、ＳＯＧＩＥＳＣが多数派ではない人たちは、名前もなく、見えない存在のようでした。だからこそ、もしあなたがＬＧＢＴだったら？　または、性表現や性的特徴《とくちょう》が多くの人と違《ちが》っていたら？　そんな自分を表すかっこいい名前を発見してください。自分が苦しくなったり惨《みじ》めになるような呼び名なら、捨て去り、新しい名前をつけてみてください。

Diversity やＳＯＧＩＥＳＣやＬＧＢＴという言葉は英語ですが、何語だって構いません。できれば自分だけでなく、ほかの人、特に友だちにとってもわかりやすく、気持ちいい言葉であれば、なおよいと思います。そうして、みなさんが大人になって活躍《かつやく》する社会には、いろんな人がいること、誰《だれ》よりもあなたが生きていることを示す言葉が、花のように色とりどりに咲いていることでしょう。

（慶應義塾大学《けいおうぎじゅくだいがく》　藤井《ふじい》ひろみ）

LGBT 1 学校と性別

自分の選んだ性で学校生活を送るには

小学6年生 ひろさん*

病院で医師の診断《しんだん》を受ける

中学入学直前のひろさん。幼稚園《ようちえん》までは女児として、小学校からは男子として通学。「生まれた時の性別に違和《いわ》感がある状態」と自身を理解しています。

——小学校時代をふり返ってみて、自分の性別のことで、どんなことが印象に残っていますか？

小学校1年になる前、親に連れられて、医師の先生のところにはじめて行ったことを覚えてるなぁ。何をしたかは、もう覚えてないけど、それから何回か通った。

小学校は、入る前に「どっちの性別で入学させるか」って話を大人がしてたと思う。

——男の子として通学することを選んだ？

＊「LGBT 1・2」は、筆者・藤井ひろみが実際にお話をお聞きした数人のトランスジェンダーの方々の小学〜中学生時代の経験をもとに、再構成したものです。学校の状況や海外の現状は140ページ・146ページのコラムを参照。

幼稚園《ようちえん》の時から、男の子みたいにして通ってたから、小学校もそのままと思ってたら、ダメみたいだということになって。それで、病院に行って何か証明書を出したらいいということになってたらしい。あとで聞いたけど。

学校は男子として通ってます。友だちは全然、ふつう（に接する）。でも、中学に行くと知らない人も来るから、不安はある。親には言ってないけれど。

――言えないのはなぜ？

不安です、とか？　言えないですね。正直、面倒《めんどう》くさいのもある。いちいち親が出て来られても困るから、言いたくない。

たとえば自分の知らない時に、学校で先生と話してて、話し合いが終わると、急に来年のプールからはこうするからね、とか、修学旅行はこうなるからね、とか、言われる。親はすごく大事にしてくれるけど、4年生の後半くらいからはもう、ちょっとほっといてって感じもあったかも。でも、言うのは悪いと思って言ってないです。

体の変化を自覚

――親御《おやご》さんに反発したい気持ちが出てくるのは、思春期、ってことなのかな？　ちょうど体の変化も始まったり、月経もそのころに始まったのではないですか？

ちょうど、そのころですね。今は薬で生理を止めています。1回来て、それから時々、止めてもらってる。前となんか違《ちが》う、体が変わってきてる。自分じゃなくて、友だちが。みんな、体とかがなんとなく変わってきてて、男子はそれほどでもないけど、女子が。自分もあなったらどうしようって思うことはあ

る。自分は、ちょっと太ってきた。

——ほかに体のことで心配なことや、将来こうしたいとか考えていることはありますか？

ホルモン治療《ちりょう》をやるかどうか、考えています。15歳《さい》になったら自分で決められる。病院も変えたいと思ってる。とにかく自分で決めたい。

高校には行かなくてもいい、夜間で通って、大検（高卒認定試験）受けて、留学とかしたい。もっといろんな人に会いたい。小学校で自分一人、って少ない気がする。隠《かく》して困ってる子がいるんじゃないかと思ってる。先生とかにも、いるんじゃないかな、とか。

今、通ってる病院でほかの「性同一性障害」の子と会うところが最近できた。その日に行くと会える、みたいな。でも、行きたくない。合わない。似た感じの子もいないしね。

もっとたくさん来てたら、友だちになれるのか？　わからないけど。7、8人くらいかな、来てるの。自分より小さい子もいる。

——体を変えてしまいたい？

変えたいわけではないかも。まだよくわからないから、自分が大人になるころには、手術なしでも性別変更《へんこう》できるようになってたらいいなぁ、と思う。

今は別に、体はそれほど気にならないし、手術は怖いから。好きな子はいないけど、どっちも（男女）好きになれたらいいなと思う。もしかして性別変えられなくても、どっちでも結婚《けっこん》できるから。一人は寂《さび》しい気がするから、結婚《けっこん》はしたい。

将来は学校の先生になりたい

——どんな仕事につきたいとか決めてる？

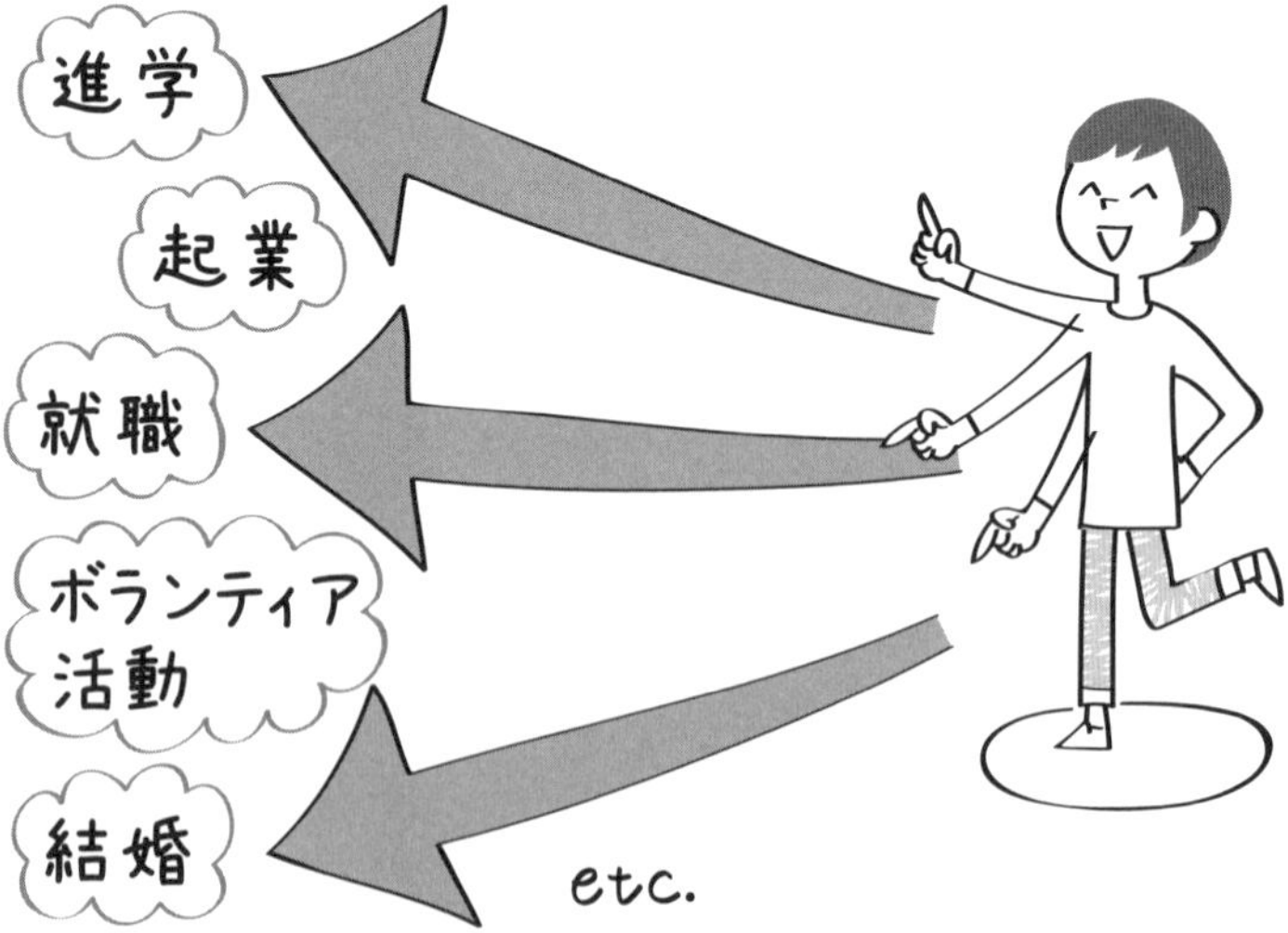

夢《ゆめ》は小学校の先生。就職して、自分みたいな子どもの話を聞く。先生や親が勝手に決めるんじゃなくて、なんでも子どもが決められるように、ゆっくり話を聞く先生。小学校に一人いて、その先生みたいになりたい。

――中学生になることへの気持ちを、教えてください。

中学までは義務教育だから、絶対行かないとダメですよね。あと3年、がんばる。通えるかな。まぁ、がんばるかな。いじめとかあるかな、今でも、ちょっときわどい時あるけど、気にしてない。でも、中学はどうかな。いやだったら休む。ネットがあったらなんとかなる気がする。

あ、好きなブログがあって、自分と同じような感じの人で、もう30歳《さい》くらいの人。参考になるかなと思って、子どものころからの話とか、読んでる。でも、その人が子どものころは法律とかもなかったから大変だったらしい。今の時代っていいのかな。

聞きたいことがあったら、その人がつくってるグループに相談しようと思ってます。

（慶應義塾大学　藤井ひろみ）

Column

変わる学校

慶應義塾大学　藤井ひろみ

ほとんどの学校は、文部科学省《もんぶかがくしょう》という国の役所によって指導監督《かんとく》されています。つぎの文章は、2010年に文部科学省が、全国の学校に出した「児童生徒が抱《かか》える問題に対しての教育相談の徹底《てってい》について」という通知の中にある事例です。これは、学校で性別に違和感《いわかん》をもつ子どもに配慮《はいりょ》をするよう指示した日本ではじめての文書です。

2008年10月、小学1年生の男の子のお母さんが、子どものことで市に相談に行ったところ、市の教育委員会という学校や子どもたちのことを扱《あつか》う委員会は、このお母さんに、子どもを連れて専門の医師のもとに相談に行くように、提案したそうです。この子どもは、「性別違和《いわ》」（129ページを参照）を感じていて、医師はきちんと話を聞き、この子が「男の子」ではない性自認をもっている状態だ、ということの証明書（診断《しんだん》書）を、この子どもに渡《わた》してくれました。

その後、お母さんは4月にその診断《しんだん》書を学校に提出し、子どもに対してできるだけの配慮《はいりょ》をしてくれるように、と頼《たの》みました。これを受けて校長先生と教育委員会は相談し、2学期からこの子どもを「女の子」として受け入れることを決定しました。

2学期、9月1日の朝、校長先生は全校朝会で、全校生徒にこのことを説明しました。また保護者の人たちにも、校長先生が説明をしました。同じ日に全クラスで、担任の先生からも子どもたちに説明をもう一度しました。

こうしてこの子どもは、学校で女の子として生活できるようになりました。そして、何も新たな問題は生まれていないということです。

2010年以降、学校は生まれた時の性別に違和《いわ》感《かん》がある子どもに対して、服装《ふくそう》・髪形《かみがた》、更衣室《こういしつ》やトイレ、体育の授業や修学旅行の部屋割りなどについて、望む性別の児童として配慮《はいりょ》できるようになりました。たとえば、「生まれた時には男の子と言われていたけど、自分では〝女の子〟だと自認している」子どもは、そのことを学校に伝えれば、体形が目立たないような体操服や水着を着たり、選べるようにもなります。更衣室《こういしつ》もトイレも、望む性別のほうを使いやすくなります。

その後も文部科学省は、2015年に「性同一性障害に係る児童生徒に対するきめ細かな対応の実施《じっし》等について」という通知を出しました（図表14参照）。これは、性別に違和感《いわかん》を感じている児童だけでなく、同性愛の子どもなども配慮《はいりょ》の対象としています。学校は、性別によってトイレや更衣室《こういしつ》、部活動などが違《ちが》ったり、日常の係なども男女1名ずつにしたり、性別による区別が多くあります。そのさい、自分の希望する性別が見た目の性別や生まれた時の性別と違《ちが》う場合、そのことを学校に相談できることを、知っておきましょう。

図表14 学校における支援の事例

服　装	自認する性別の制服・衣服や、体操着の着用を認める。
髪　形	標準より長い髪形を一定の範囲で認める（戸籍上男性）。
更衣室	保健室・多目的トイレ等の利用を認める。
トイレ	職員トイレ・多目的トイレの利用を認める。
呼称の工夫	校内文書（通知表を含む）を児童生徒が希望する呼称で記す。 自認する性別として名簿上扱う。
授　業	体育または保健体育において別メニューを設定する。
水　泳	上半身が隠れる水着の着用を認める（戸籍上男性）。 補習として別日に実施、又はレポート提出で代替する。
運動部の活動	自認する性別に係る活動への参加を認める。
修学旅行等	一人部屋の使用を認める。入浴時間をずらす。

LGBT 2 共感と違和感

レズビアンであっても一人ひとり違うのはあたりまえ

大学1年生　ゆうさん

初恋バナシ

ゆうさんは現在、大学生。レズビアンのサポートグループをつくり、そこで「初恋《はつこい》バナ」について、4人くらいで話をする機会があった。そこで話したのは、小学校の時から好きだった親友（女性）に、中学の時に告白したという思い出だった……。

ゆうさんは、自分から希望して私立の女子校に入学した。小学生の時から好きだった親友が進学するので、どうしても同じ学校に行きたかったからだ。親友への思いは「友だち」じゃない、と、ゆうさんは感じていた。はっきりと、恋愛《れんあい》対象として好きだ！　と感じた。こんな気持ちははじめてで、いっしょにいるとにかくうれしかった。親友がほかの女子と話していると嫉妬《しっと》のような感情が湧《わ》いてきて困る時もあった。独占《どくせん》したいわけじゃないけど、親友のことは自分がいちばんわかっていたい、だからなんでも自分に話してほしい、という感じがある。

中学入学後、親友に告白したいとゆうさんは考えるようになった。でもどうやって伝えたらいいかわからない。「レズビアン」という言葉があることは知っていた。小学4年生の時、学校の性教育で、保健室の先生がLGBTの話をしてくれた。その時、なんとなく「同性愛」って自分のことじゃないかなぁと感じて、まわりに気付かれないように真剣《しんけん》に聞いていたことをよく覚えてる。なぜ気付かれないように、と思ったのか、自分でもわからないけれど。

そしてついに、親友に、告白した……。

ゆう「実は、あなたのこと好きかも。恋愛として」
親友「知ってるよ。わかるって。私もゆうのこと好きよ」
ゆう「え？　じゃあ、つきあう？　つきあってくれる？」
親友「つきあいたいの？」
ゆう「そりゃね」
親友「キスしたり？　とか？」
ゆう「まぁ……そうかもね」
親友「ふーん。ゆうは女子が好きなの？」
ゆう「あなたは？」
親友「私は、そういうことないなぁ。でも、ゆうはレズビアン？　私は……だいじょうぶ。ゆうなら、つきあってもいいかなぁ」
ゆう「そっか……」

結局、二人がつきあうことはなかった。な

ぜかわからなかったけれど、親友が自分の気持ちを知っていたことや、好意を寄せてくれていたことを知っても、ゆうさんはうれしく思えなかった。親友の気持ちが、自分の感じている思いと、全然違《ちが》うような気がしたからだ。それでも、親友が好きだという気持ちは消えなかった。むしろ、ゆうさんは、うまく気持ちを伝えられない自分が悪いと感じていたという。

告白したけど、残る苦しさ

「でも……」と今では大学生になったゆうさんは話した。「告白してわかったのは、私が求めていたのは自分と同じように私のことを〝真剣《しんけん》に〟好きになってほしいって、思っているということ」と話して、ゆうさんは少しだけ泣いた。

「同性愛って悪いことじゃないし、気持ち悪いとか言う子も、中学校ではまわりにいなかった。小学校の時はいたけど。中学では、どっちかと言えば、理解がある友だちがほとんどだった。でも、違《ちが》うんだよね。気持ち悪いと言われないとか、そういうことじゃない。ほかの子が好きな男の子のことを話すのと同じように、好きな女の子のことを話しても、話は聞いてくれるけど、全然、なんていうか、共感されない。好き、っていう気持ちはいっしょなんだけど、共感されてない感じが、あった。まして、好きな親友に告白した時に、絶対に同じ本気が返ってこない、親友にとっては、それは私が女子だから、っていう理由で。それがわかって……なんだかすごく、苦しかった」

同じレズビアンが集まる学生サークルに出

合うまで、自分はみんなと違《ちが》う、世界で一人ぼっちだという感覚が、ずっとあったと、ゆうさんは話した。黙《だま》って聞いていたみんなのなかで、ある参加者がひと言。

「それが、初恋《はつこい》の話？　なんだかなぁ。でも、〝レズビアンあるある〟かも。わかるわ～」

その場のみんながどっと笑って、ゆうさんも心から笑った。

「レズビアンだって一人ひとり違《ちが》うのに。不思議だけど、なぜか今はもう、一人じゃないと思える。あのころの私に言ってあげたいなあ。ほんとうに、一人じゃないいんだよ、って」

（慶應義塾大学　藤井ひろみ）

Column

世界の同性結婚事情

慶應義塾大学　藤井ひろみ

次ページの図表15は、レズビアン・ゲイ・バイセクシュアルとトランスジェンダーなど性的マイノリティーのための国際機関*ILGA《イルガ》が発表している、「世界における性的指向（同性婚《どうせいこん》）に関する法律」地図から作ったものです。この図を見ると、アメリカ、イギリス、フランス、ドイツ、オランダ、カナダなど多くの国で同性同士の結婚《けっこん》ができますが、日本にはその制度がまだないことがわかります。大人になり、好きな人と相談して二人の親しい関係を築くさいには、結婚《けっこん》することだけが方法ではありません。しかし、「結婚《けっこん》しない」ことと、「結婚《けっこん》できない」こととは違《ちが》います。異性愛の大人には認められていることなのに、同性愛の大人には認められていないことが、日本ではまだたくさんあるのが現状です。

『大人になる前に知る命のこと』の執筆《しっぴつ》チームは、「残念ながら、日本にはあなたが結婚《けっこん》できる制度はないのです」と、あなたに伝えねばならないことを心苦しく感じています。

今は同性での結婚《けっこん》ができるほかの国々でも、かつては似た状況《じょうきょう》でした。しかし、結婚《けっこん》に準じる制度ができたり、２００１年のオランダをはじめとして、同性婚《どうせいこん》のための法律ができたりし、現在では異性愛か同性愛かにかかわらず誰《だれ》でも、自由に結婚《けっこん》することができるようになりました。日本に、こうした国から多くの同性カップルが来日しており、そのなかには各国大使や首相などもいて、それぞれ同性のパートナーを伴《ともな》って日本に仕事をしに来ています。日本でも、外国で外国人同士の同性結婚《けっこん》をしたカップル関係は、認められています。

しかし、同性婚《どうせいこん》法のある国の人と、日本人が結婚《けっこん》する場合は、同性婚《どうせいこん》法のある国での結婚《けっこん》に限られるため、二人の関係は日本国内では「結婚《けっこん》」として扱《あつか》ってもらえません。最悪の場合、カップルのうち外

＊ILGA　https://ilga.org

国人のほうが国外退去を求められても、異性カップルであれば片方が日本人であれば認められる在留資格（日本国内にいてもよいとする特別な許可）が、同性カップルでは得られません。このように、日本に同性結婚《けっこん》の制度がないことによって、国内だけでなく、日本に来る外国の人も、影響《えいきょう》を受ける可能性があります。

このような状況《じょうきょう》（地図が示すもの）を知って、あなたは何を感じるでしょうか？　外国をうらやましく思う？　悲しい？　日本にがっかりする？　あなたの好きな人がどう思うだろうかと気になる？　親はどう思うだろう？　など、いろいろな気持ちが湧《わ》いてくるかもしれません。でも、ひとつ言えるのは、結婚《けっこん》という関係は人間がつくり出したものですから、人間の手で変えることができます。みなさんにとって必要な制度がなくて困っていたら、新しい制度や法律をつくろうよ！　と社会に向かって発言してみましょう。あるいは、外国に行って、実際に同性結《けっ》婚《こん》をしている人びとに、出会ってみましょう。外国の人たちの暮《く》らしから、何かヒントが得られるかもしれませんし、外国からの助けがあるかも知れません。

地図を作っているＩＬＧＡは、日本のように同性愛の人たちやトランスジェンダーの人たちが困っている国々に対し働きかけを行ったり、働きかけを行う日本の人たちや若い人たちを助けるプログラムをもつ団体です。世界をもっとよいものに、日本社会をもっと生きやすい社会に変えたい、と願う日本の若者もかかわっています。

「あの人（同性）が好き」。そんな、すてきな気持ちをもったあなたを、ＩＬＧＡなど世界中の団体が応援《おうえん》していることを、覚えておいてください。世界地図を見ながら、今、感じていることを大切に。昨日より今日、今日より明日の世界がよりよくなるために、あなたの今の気持ちを大切にして、大人になってほしいと願っています。

罰せられない国

ILGA「世界における性的指向（同性婚）に関する法律」地図から作成（2018年12月現在）。

図表15 世界における同性愛者の権利

Column

文化人類学からみるセクシュアリティー

国立民族学博物館《こくりつみんぞくがくはくぶつかん》 松《まつ》尾《お》瑞《みず》穂《ほ》さん

文化人類学は、異なる文化をもつ人びとの社会について深く学ぶことを通して、あたりまえで自然なものとして信じられている自分たちの社会を問い直す学問です。人間の性のあり方（セクシュアリティー）も多様であり、社会によってさまざまに異なっていることがあります。

第三の性と呼ばれる、男性でも女性でもない性のあり方について見てみましょう。日本では「性同一性障害」といった呼び名を与《あた》えられることがあります。しかし、文化人類学からみると、男か女かという性別化された身体と性自認が一致《いっち》しない「障害」ではなく、両性をあわせもつ、あるいは両性を超《こ》えた第三の性という新たな性のカテゴリーとみなされています。

たとえば、インドには、ヒジュラと呼ばれる集団がいます。ヒジュラは、ヒンドゥー教の女神バフチャラーを信仰《しんこう》している人たちで、師を中心とする集団生活を営み、子どもの誕生《たんじょう》儀礼《ぎれい》などの慶事《けいじ》において、人びとに祝福を与《あた》えることで日々の糧《かて》を得ています。みずからの性に違和感《いわかん》を覚えた人が、ヒジュラの共同体に入り、通過儀礼《ぎれい》を経て、ヒジュラの一員となるのです。女装《じょそう》をし、去勢をしたヒジュラは、確かに男女の性規範の強いインド社会では、結《けっ》婚《こん》もしない特別な存在です。しかし、その特別さゆえに、女神の祝福を与《あた》えるという、ほかの人とは異なる力をもつ存在として、社会において一定の役割を有しています。彼《かれ》ら彼女《かのじょ》らのなかには、ヒジュラ共同体に暮《く》らしながらも実家とのつながりを保ち続けたり、政治家として立候補したりする人もいます。決して、孤立《こりつ》したマイノリティー（少数者）ではないのです。

同じように、メキシコのフチタンという町ではムシェと呼ばれる人たちがいます。フチタンは母から娘《むすめ》へと家や財産が相続される母系制社会で、メキシコのなかでも独自の習慣をもっています。みずからの性に違和感《いわかん》があるものは、自分の性を選ぶことができ、ムシェとなります。そして、女性が主に労働し家計を担うフチタン社会においては、働き者であるかどうかが重要で、ムシェになっても生計を立てる道が残されています。

北米先住民の社会では、かつてベルダーシュと総称《そうしょう》される、異性の衣装《いしょう》をまとい、異性の役割を担う異装者《いそうしゃ》が存在しました。彼《かれ》ら彼女《かのじょ》らは、男性と女性の両方の役割をもつとともに、シャーマン（精霊《せいれい》などの超自然的《ちょうしぜんてき》存在と交信し、お告げを与《あた》える人）として、人間界と自然界を仲介《ちゅうかい》する宗教的な存在でもあったといいます。

もちろん、これらの社会にこうした人びとに対する差別がないわけではありません。どのような社会にも、男性／女性はこうあるべきだという性規範《せいきはん》が存在するため、社会で理想化された生き方ではなく、脇道《わきみち》のように見えるワイルド・サイトを歩くのは、誰《だれ》にとっても勇気がいることでしょう。しかし、これらの事例は、曖昧《あいまい》な性のありようを異質なものとして排除《はいじょ》するのではなく、社会的な役割が与《あた》えられることで、共同体に受け入れられているということを示しています。また、西洋社会においては個人的な問題とみなされがちなセクシュアリティーが、社会によって形づくられているということも示しています。

ほんとうに性には男と女しかなく、どちらかに生まれ落ちなければならないのでしょうか。私たちが「自然」だと思っていることが、異文化を学ぶことで揺《ゆ》らぎ始めるかもしれません。

［ 編著者紹介 ］

加納尚美（かのう　なおみ）

茨城県立医療大学保健医療学部看護学科教授。博士（学術）。日本助産学会理事、フォレンジック看護学会理事長。編著書に『助産師になるには』（ぺりかん社）、共著書に『大人になる前に知る　性のこと』（ぺりかん社）『フォレンジック看護――性暴力被害者支援の基本から実践まで』（医歯薬出版）がある。

大人《おとな》になる前《まえ》に知《し》る　命《いのち》のこと
心と体の変化・思春期・自分らしく生きる

2019年　5月25日　初版第1刷発行
2020年　3月25日　初版第2刷発行

編著者　加納尚美
発行者　廣嶋武人
発行所　株式会社ぺりかん社
〒113-0033　東京都文京区本郷1-28-36
TEL 03-3814-8515（営業）
03-3814-8732（編集）
http://www.perikansha.co.jp/
印刷所　株式会社太平印刷社
製本所　鶴亀製本株式会社

ISBN978-4-8315-1536-0　Printed in Japan

＊「なるにはBOOKS」シリーズは重版の際、最新の情報をもとに、データを更新しています。

仕事の実際から
なり方まで解説

なるにはBOOKS

B6判／並製カバー装
平均160頁

47 **歯科衛生士・歯科技工士になるには**
宇田川廣美(医療ライター)著
❶口の中の健康を守る！
❷歯科衛生士・歯科技工士の世界［歯科衛生士の仕事、歯科技工士の仕事、生活と収入、将来］
❸なるにはコース［適性と心構え、養成学校、国家試験、就職の実際他］
★★★

12 **医師になるには**
小川明(医療・科学ジャーナリスト)著
❶医療の現場から
❷医師の世界［医師とは、医療の歴史、医師の仕事、将来像、生活と収入］
❸なるにはコース［適性と心構え、医学部入試、医師国家試験、就職の実際］／医学系大学一覧
☆

112 **臨床検査技師になるには**
岩間靖典(フリーライター)著
❶現代医療に欠かせない医療スタッフ
❷臨床検査技師の世界［臨床検査技師とは、歴史、働く場所、臨床検査技師の1日、生活と収入、将来］
❸なるにはコース［適性と心構え、養成校、国家試験、認定資格、就職他］
★★★

13 **看護師になるには**
川嶋みどり(日本赤十字看護大学客員教授)監修
佐々木幾美・吉田みつ子・西田朋子著
❶患者をケアする
❷看護師の世界［看護師の仕事、歴史、働く場、生活と収入、仕事の将来他］
❸なるにはコース［看護学校での生活、就職の実際］／国家試験の概要］
☆

149 **診療放射線技師になるには**
笹田久美子(医療ライター)著
❶放射線で検査や治療を行う技師
❷診療放射線技師の世界［診療放射線技師とは、放射線医学とは、診療放射線技師の仕事、生活と収入、これから他］
❸なるにはコース［適性と心構え、養成校をどう選ぶか、国家試験、就職の実際］
★★★

147 **助産師になるには**
加納尚美(茨城県立医療大学教授)著
❶命の誕生に立ち会うよろこび！
❷助産師の世界［助産師とは、働く場所と仕事内容、連携するほかの仕事、生活と収入、将来性他］
❸なるにはコース［適性と心構え、助産師教育機関、国家資格試験、採用と就職他］
★★★

153 **臨床工学技士になるには**
岩間靖典(フリーライター)著
❶命を守るエンジニアたち
❷臨床工学技士の世界［臨床工学技士とは、歴史、臨床工学技士が扱う医療機器、働く場所、生活と収入、将来と使命］
❸なるにはコース［適性、心構え、養成校、国家試験、就職、認定資格他］
★★★

105 **保健師・養護教諭になるには**
山崎京子(元茨城キリスト教大学教授)監修
鈴木るり子・標美奈子・堀篭ちづ子編著
❶人びとの健康と生活を守りたい
❷保健師の世界［保健師とは？、仕事と職場、収入・将来性、なるにはコース］
❸養護教諭の世界［養護教諭とは？、仕事と職場、収入・将来性、なるにはコース］
★★★

67 **理学療法士になるには**
丸山仁司(国際医療福祉大学教授)編著
❶機能回復に向けて支援する！
❷理学療法士の世界［理学療法の始まりと進展、理学療法士の仕事、理学療法士の活躍場所、生活・収入］
❸なるにはコース［養成校について、国家試験と資格、就職とその後の学習］
☆

86 **歯科医師になるには**
笹田久美子(医療ライター)著
❶歯科治療のスペシャリスト
❷歯科医師の世界［歯科医療とは、歯科医療の今むかし、歯科医師の仕事、歯科医師の生活と収入、歯科医師の将来］
❸なるにはコース［適性と心構え、歯科大学、歯学部で学ぶこと、国家試験他］
★★★

☆☆☆…1600円　★★★…1500円　☆☆…1300円　★★…1270円　☆…1200円　★…1170円(税別価格)

68 獣医師になるには

井上こみち(ノンフィクション作家)著

❶人と動物の未来を見つめて
❷獣医師の世界［獣医師とは、獣医師の始まり、活躍分野、待遇、収入］
❸なるにはコース［適性と心構え、獣医大学ってどんなところ?、獣医師国家試験、就職と開業］

☆☆☆

90 動物看護師になるには

井上こみち(ノンフィクション作家)著

❶ペットの命を見つめ健康をささえる
❷動物看護師の世界［動物看護師とは、動物看護師の仕事、生活と収入、動物看護師のこれから］
❸なるにはコース［適性と心構え、養成学校で学ぶこと、資格、就職］

☆☆☆

143 理系学術研究者になるには

佐藤成美(サイエンスライター)著

❶研究する日々の喜び!
❷理系学術研究者の世界［学術研究者と論文、理系の学問と研究分野、研究施設のいろいろ、生活と収入他］
❸なるにはコース［適性と心構え、理系学術研究者への道他］

☆

151 バイオ技術者・研究者になるには

堀川晃菜(サイエンスライター)著

❶生物の力を引き出すバイオ技術者たち
❷バイオ技術者・研究者の世界［バイオ研究の歴史、バイオテクノロジーの今昔、研究開発の仕事、生活と収入他］
❸なるにはコース［適性と心構え、学部・大学院での生活、就職の実際他］

☆☆☆

34 管理栄養士・栄養士になるには

藤原眞昭(群羊社代表取締役)著

❶“食”の現場で活躍する
❷管理栄養士・栄養士の世界［活躍する仕事場、生活と収入、将来性他］
❸なるにはコース［適性と心構え、資格をとるには、養成施設の選び方、就職の実際他］／養成施設一覧

☆

97 作業療法士になるには

濱口豊太(埼玉県立大学教授)編著

❶作業活動を通じて社会復帰を応援する!
❷作業療法士の世界［作業療法の定義と歴史、作業療法の実際、生活・収入］
❸なるにはコース［適性と心構え、養成校について、国家試験、就職について］

☆

113 言語聴覚士になるには

㈳日本言語聴覚士協会協力
中島匡子(医療ライター)著

❶言葉、聞こえ、食べる機能を支援するスペシャリスト!
❷言語聴覚士の世界［働く場所、生活と収入、言語聴覚士のこれから他］
❸なるにはコース［適性と心構え、資格他］

★★★

150 視能訓練士になるには

㈳日本視能訓練士協会協力
橋口佐紀子(医療ライター)著

❶眼の健康管理のエキスパート
❷視能訓練士の世界［視能訓練士とは、働く場所、生活と収入、これから他］
❸なるにはコース［適性と心構え、養成校で学ぶこと、国家試験、就職について］

★★★

146 義肢装具士になるには

㈳日本義肢装具士協会協力
益田美樹(ジャーナリスト)著

❶オーダーメードの手足と装具を作る
❷義肢装具士の世界［働く場所と仕事内容、生活と収入、将来性他］
❸なるにはコース［適性と心構え、養成校、資格試験、採用・就職他］

★★★

58 薬剤師になるには

井手口直子(帝京平成大学教授)編著

❶国民の健康を守る薬の専門家!
❷薬剤師の世界［薬剤師とは、薬剤師の歴史、薬剤師の職場、生活と収入他］
❸なるにはコース［適性と心構え、薬剤師になるための学び方、薬剤師国家試験、就職の実際他］

★★★

144 気象予報士・予報官になるには

金子大輔（桐光学園教員・気象予報士）著

❶気象予報の現場から
❷気象予報士・予報官の世界［天気予報とは、気象予報の歴史、気象予報の仕事、生活と収入、将来］
❸なるにはコース［適性と心構え、気象予報士試験、就職の実際他］

☆

28 公認会計士になるには

江川裕子（エディトリアルライター）著

❶フェアな経済社会のために
❷公認会計士の世界［公認会計士って何をする人？、公認会計士の仕事、公認会計士の法人組織、生活と収入他］
❸なるにはコース［適性と心構え、なるまでの道、公認会計士試験の特徴他］

★

106 税理士になるには

西山恭博（西山税理士事務所所長）著

❶税務の専門家として
❷税理士の世界［税理士の誕生から現在まで／税理士の仕事概要／コンサルティング業務／生活と収入／将来性他］
❸なるにはコース［適性と心構え、国家試験について、就職の実際他］

★★★

108 行政書士になるには

三田達治（三田行政書士事務所代表）編著

❶行政手続きのプロフェッショナルとして
❷行政書士の世界［行政書士の誕生から現在まで、ほかの「士業」との違い、行政書士の仕事、生活と収入、将来性他］
❸なるにはコース［適性と心構え／行政書士試験／独立開業他］

★★★

140 銀行員になるには

泉美智子（鳥取環境大学准教授）著

❶お金を扱う現場から
❷銀行員の世界［銀行とは、銀行の役割、銀行の歴史、銀行員の仕事、銀行員の種類、さまざまな銀行員、生活と収入］
❸なるにはコース［適性と心構え、就職の実際、銀行員の資格取得］

☆

65 地方公務員になるには

井上繁（元常磐大学教授）編著

❶地域のために
❷地方公務員の世界［地方公務員とは、地方公務員の職場・組織、さまざまな地方公務員、生活と収入、将来］
❸なるにはコース［適性と心構え、試験の概要、就職の実際］

☆

20 国家公務員になるには

井上繁（元常磐大学教授）編著

❶国民全体の奉仕者として
❷国家公務員の世界［国家公務員とは、国家公務員の特殊性、役所の機構と業務、生活と収入他］
❸なるにはコース［適性と心構え、なるための道のり、試験の概要他］

☆

48 警察官になるには

宍倉正弘（元（財）全防連広報部長）著

❶市民の生活と安全を守る警察［湾岸警察署、機動捜査隊、交通機動隊他］
❷警察官の世界［警察の歴史、機構、警察官の待遇他］
❸なるにはコース［採用試験、警察学校、警察学校教官に聞く］

☆

88 消防官になるには

益田美樹（ジャーナリスト）著

❶あらゆる危険から人びとを守る！
❷消防官の世界［消防の歴史、消防の組織と仕組み、働く場所と仕事内容、生活と収入、将来性他］
❸なるにはコース［適性と心構え／採用試験／就職／消防学校］

★★★

152 救急救命士になるには

益田美樹（ジャーナリスト）著

❶救急のプロフェッショナル！
❷救急救命士の世界［救急救命士とは、働く場所と仕事内容、勤務体系、日常生活、収入、将来性他］
❸なるにはコース［なるための道のり／国家資格試験／採用・就職他］

★★★

118 カフェオーナー・カフェスタッフ・バリスタになるには

安田理(フードビジネス企画開発室代表取締役)編著

❶コーヒーに魅せられて
❷カフェオーナー・カフェスタッフ・バリスタの世界［カフェ業界について学んでみよう、生活と収入、将来性他］
❸なるにはコース［専門学校、就職他］
☆

2 客室乗務員になるには

鑓田浩章(エディトリアルディレクター)著

❶笑顔でおもてなし　空が仕事場！
❷客室乗務員の世界［客室乗務員の誕生から現在まで、航空業界とは、生活と収入、将来性］
❸なるにはコース［適性と心構え、客室乗務員への道のり、就職の実際］
☆

134 パティシエになるには

辻製菓専門学校編著

❶美しいデセールに魅せられて
❷パティシエの世界［お菓子の起源と種類、パティシエの１日、製菓メーカー・製品開発の仕事、ショコラトリー、業界の現状と将来］
❸なるにはコース［就職、独立・開業］
☆

148 グランドスタッフになるには

京極祥江(フリーライター)著

❶空港の最前線で
❷グランドスタッフの世界［日本の航空業界史、グランドスタッフの仕事、グランドスタッフの一日、収入、将来性地］
❸なるにはコース［適性と心構え、グランドスタッフへの道のり、就職の実際他］
★★★

35 販売員・ファッションアドバイザーになるには

浅野恵子(フリーライター)著

❶お買い物に感動を添えて
❷販売員・ファッションアドバイザーの世界［販売の仕事の基礎知識､「小売業」の歴史、生活と収入・将来性］
❸なるにはコース［就職・研修、資格］
☆

10 通訳者・通訳ガイドになるには

鑓田浩章(エディトリアルディレクター)著

❶日本と世界の懸け橋として
❷通訳者・通訳ガイドの世界［通訳者の誕生から現在まで、通訳者・通訳ガイドが活躍する現場、生活と収入、将来性］
❸なるにはコース［適性と心構え、通訳者への道、通訳関連の資格について他］
★★★

137 ネイリストになるには

津留有希(フリーライター)著

❶カラー口絵／爪先から女性を美しく！
❷ネイリストの世界［ネイルケア小史、ネイリストの仕事、生活と収入他］
❸なるにはコース［適性と心構え、ネイリストの働き方、学校訪問、ネイリストへの道、独立と開業他］
☆☆

142 観光ガイドになるには

中村正人(ジャーナリスト)著

❶“おもてなし”の心をもって
❷通訳案内士の世界［観光ガイドを取り巻く世界、通訳案内士とは、生活と収入、通訳案内士になるには他］
❸添乗員の世界［添乗員とは、添乗員の仕事、生活と収入、添乗員になるには他］
☆

5 美容師・理容師になるには

大岳美帆・木村由香里著

❶お客さんをきれいにしたい！
❷美容師の世界［美容と理容の歴史、美容師が担う仕事と職場、生活と収入他］
❸理容師の世界［理容師とはなんだろう、理容師が担う仕事と職場、生活と収入他］
❹なるにはコース［養成校／資格取得他］
★★★

43 秘書になるには

社団法人日本秘書協会監修／石井はるみ(元社団法人日本秘書協会常任理事)著

❶上司を支えるプロフェッショナルとして
❷秘書の世界［秘書とは何だろう、秘書の歴史、秘書の仕事を見る、収入と生活他］
❸なるにはコース［適性と心構え、取得したい資格他］
★

☆☆☆…1600円　★★★…1500円　☆☆…1300円　★★…1270円　☆…1200円　★…1170円(税別価格)

別巻 学校図書館はカラフルな学びの場
松田ユリ子（学校司書・法政大学講師）著
❶エピソード　学校図書館の学びはカラフル！
❷カラフルな学びの場になるための方法［学びのヒントから考える他］
❸学校図書館と生涯にわたる学び［生徒と学校図書館、学校図書館の使命他］
★★★

別巻 あの本の主人公と歩く
東京物語散歩 100
堀越正光（東邦中学校・高等学校教諭）著
小中高生が登場する物語散歩／大学のある風景を巡る物語散歩／歩いて楽しい23区物語散歩／東京の名所が出てくる物語散歩／名作の物語散歩／今読んでほしい物語散歩／書名索引・場所索引
☆☆☆

別巻 大人になる前に知る 命のこと
心と体の変化・思春期・自分らしく生きる
加納尚美（茨城県立医療大学教授）編著
❶命の授業 知ってる？自分たちの命、体、性
❷命って何？［か弱くてものすごい命他］
❸思春期の扉［大人と子どもの「境」他］
❹大人の基礎を育てるために
❺自分らしく生きる、ＬＧＢＴのこと
☆☆☆

別巻 大人になる前に知る 性のこと
他人を尊重し、自分を大切にする
加納尚美・鈴木琴子編著
❶性って何だろう 性についてきちんと知ろう
❷性とライフステージ
❸性の悩み・不安［知っておこう、性感染症 他］
❹ＳＯＳを感じたら［性犯罪とは／彼氏彼女が怖い、それはデートDVかも？ 他］
☆☆☆

別巻 学校司書と学ぶ
レポート・論文作成ガイド
東京都立高等学校学校司書会ラーニングスキルガイドプロジェクトチーム編著
序―レポート・論文を学ぶ／❶テーマを決める／❷テーマについて調べる／❸情報メモを作る／❹レポート・論文を書く／❺発表する／❻図書館を知る　＊A5判
☆☆☆

別巻 今からはじめる！
就職へのレッスン
杉山由美子（フリーライター）著
❶考えてみよう　就職って何？［人はなぜ働くのか?、「雇われる力」をつける他］
❷学校でのレッスン［組織の一員として行動する、自分らしさを追求する他］／家庭でのレッスン／放課後のレッスン
☆☆

別巻 未来を切り拓く！
数学は「働く力」
高濱正伸（花まる学習会代表）著
❶なぜ学ぶのか？［「メシが食える大人」になろう、純粋に考える力を鍛えよう他］
❷将来を見据えよう／「見える力」を磨こう／「詰める力」を伸ばそう／勉強法を考え直す／自分の将来の決め方
☆☆

別巻 働くための「話す・聞く」
上田晶美（キャリアコンサルタント）著
❶なぜ今コミュニケーション力なのか？
❷あいさつがすべての始まり／自分らしく話そう／聞く姿勢を大切に／積極的に聞こう／働く人に聞く、コミュニケーション力とは？
コラム［苦手な人とどうつきあう？ 他］
☆☆

別巻 中高生からの選挙入門
谷 隆一（ライター・編集者）著
❶投票はどうやるの？　選ぶときの判断基準は？
❷今、どんなことが、政治的課題になっているの？
❸そもそも民主主義・政治とは何だろう？
❹ルポ・地方選挙の現状
★★★

別巻 学校図書館の司書が選ぶ
小中高生におすすめの本 300
東京・学校図書館スタンプラリー実行委員会 編著
すてきな本との出会いのために／このブックガイドの使い方／0で始まる本 総記／1哲学／2歴史／3社会科学／4自然科学／5技術・工学／6産業／7芸術・美術／8言語／9文学／書名索引
★★★

【なるにはBOOKS】

税別価格 1170円〜1600円

1——パイロット
2——客室乗務員
3——ファッションデザイナー
4——冒険家
5——美容師·理容師
6——アナウンサー
7——マンガ家
8——船長·機関長
9——映画監督
10——通訳者·通訳ガイド
11——グラフィックデザイナー
12——医師
13——看護師
14——料理人
15——俳優
16——保育士
17——ジャーナリスト
18——エンジニア
19——司書
20——国家公務員
21——弁護士
22——工芸家
23——外交官
24——コンピュータ技術者
25——自動車整備士
26——鉄道員
27——学術研究者(人文·社会科学系)
28——公認会計士
29——小学校教師
30——音楽家
31——フォトグラファー
32——建築技術者
33——作家
34——管理栄養士·栄養士
35——販売員·ファッションアドバイザー
36——政治家
37——環境スペシャリスト
38——印刷技術者
39——美術家
40——弁理士
41——編集者
42——陶芸家
43——秘書
44——商社マン
45——漁師
46——農業者
47——歯科衛生士·歯科技工士
48——警察官
49——伝統芸能家
50——鍼灸師·マッサージ師
51——青年海外協力隊員
52——広告マン
53——声優
54——スタイリスト
55——不動産鑑定士·宅地建物取引主任者
56——幼稚園教諭
57——ツアーコンダクター
58——薬剤師
59——インテリアコーディネーター
60——スポーツインストラクター
61——社会福祉士·精神保健福祉士
62——中小企業診断士
63——社会保険労務士
64——旅行業務取扱管理者
65——地方公務員
66——特別支援学校教師
67——理学療法士
68——獣医師
69——インダストリアルデザイナー
70——グリーンコーディネーター
71——映像技術者
72——棋士
73——自然保護レンジャー
74——力士
75——宗教家
76——CGクリエータ
77——サイエンティスト
78——イベントプロデューサー
79——パン屋さん
80——翻訳家
81——臨床心理士
82——モデル
83——国際公務員
84——日本語教師
85——落語家
86——歯科医師
87——ホテルマン
88——消防官
89——中学校·高校教師
90——動物看護師
91——ドッグトレーナー·犬の訓練士
92——動物園飼育員·水族館飼育員
93——フードコーディネーター
94——シナリオライター·放送作家
95——ソムリエ·バーテンダー
96——お笑いタレント
97——作業療法士
98——通関士
99——杜氏
100——介護福祉士
101——ゲームクリエータ
102——マルチメディアクリエータ
103——ウェブクリエータ
104——花屋さん
105——保健師・養護教諭
106——税理士
107——司法書士
108——行政書士
109——宇宙飛行士
110——学芸員
111——アニメクリエータ
112——臨床検査技師
113——言語聴覚士
114——自衛官
115——ダンサー
116——ジョッキー·調教師
117——プロゴルファー
118——カフェオーナー·カフェスタッフ·バリスタ
119——イラストレーター
120——プロサッカー選手
121——海上保安官
122——競輪選手
123——建築家
124——おもちゃクリエータ
125——音響技術者
126——ロボット技術者
127——ブライダルコーディネーター
128——ミュージシャン
129——ケアマネジャー
130——検察官
131——レーシングドライバー
132——裁判官
133——プロ野球選手
134——パティシエ
135——ライター
136——トリマー
137——ネイリスト
138——社会起業家
139——絵本作家
140——銀行員
141——警備員·セキュリティスタッフ
142——観光ガイド
143——理系学術研究者
144——気象予報士・予報官
145——ビルメンテナンススタッフ
146——義肢装具士
147——助産師
148——グランドスタッフ
149——診療放射線技師
150——視能訓練士
151——バイオ技術者·研究者
152——救急救命士
153——臨床工学技士
154——講談師・浪曲師
補巻16 アウトドアで働く
補巻17 イベントの仕事で働く
補巻18 東南アジアで働く
補巻19 魚市場で働く
補巻20 宇宙·天文で働く
補巻21 医薬品業界で働く
補巻22 スポーツで働く
補巻23 証券·保険業界で働く
補巻24 福祉業界で働く
補巻25 教育業界で働く
別巻 中高生からの選挙入門
別巻 小中高生におすすめの本300
別巻 学校図書館はカラフルな学びの場
別巻 東京物語散歩100
別巻 大人になる前に知る 命のこと
別巻 大人になる前に知る 性のこと
別巻 学校司書と学ぶレポート·論文作成ガイド
学部調べ 看護学部·保健医療学部
学部調べ 理学部·理工学部
学部調べ 社会学部·観光学部
学部調べ 文学部
学部調べ 工学部
学部調べ 法学部
学部調べ 教育学部
学部調べ 医学部
学部調べ 経営学部·商学部
学部調べ 獣医学部
学部調べ 栄養学部
学部調べ 外国語学部

※一部品切·改訂中です。　2020.02.